吉田千亜
Chia Yoshida

# ルポ 母子避難

## ——消されゆく原発事故被害者



岩波新書
1591

# はじめに

はじめて母子避難者に会った日のことを思い出す。原発事故から一年がたった、二〇一二年四月の埼玉県での出来事だ。避難者交流会の会場に来たその人は、入り口のドアを開け、私にこう言った。

「私は、避難者じゃないけれど、いいですか?」

その人は、福島県いわき市から母子で避難していた。傍らには、三歳の女の子が立っていた。驚いてその意味を尋ねると、「私の住んでいた地域には避難指示が出ていないから」と説明した。

「逃げた自分は、故郷を捨てたと思われていて、申し訳ない気持ちをかかえている」「周囲から「帰る場所があるんでしょう?」と言われ、避難を認められていないと感じている」「それでも放射能の影響が分からないので、子どもと事故直後から避難し続けている」と話した。

「私は、避難者じゃないけれど、いいですか」というその一言は、「原発事故後に、政府の指示もなく勝手に避難した自分を、誰が「避難者」として認めてくれるのか」という不安をかかえ続け、「あなたは私を認めてくれますか」という問いとなった言葉だった。

**本書について**

原発事故が起きた二〇一一年から、私は放射能汚染と向き合う人々と関わり、食品に含まれる放射能測定や、空間放射線量の測定ボランティアなどを行いながら記事を書いてきた。二〇一二年四月から埼玉県内で避難者の交流会を開いたところ、避難指示区域の内外を問わず、避難してきた人々との関わりが増えていった。

つながりが広がり、多くの避難者の声を聞けば聞くほど、原発事故にまつわる「不条理」に遭遇してきた。そして、それは事故から時がたてばたつほど、増え続けている。

本書では「自主避難」という言葉を使っている。しかし、決して「自主的」な避難ではない。避難指示のあった「強制避難」に対し、「自主避難」は「自らが勝手に選択をした」という意味合いを持つため、本来は「避難指示区域外避難」と言うべきだという批判もある。しかし、すでに広まってしまった感もあり、本書では便宜的に「自主避難」としていることを、あらかじめ断っておきたい。

また、自主避難の正当性を伝えるために、放射能汚染について細かく書いている。「風評被害」という言葉があるが、「風評」ではなく、実際に自ら測定をした結果と、公表されているデータをそのまま書いた。事故前との比較には、文部科学省が貸し出しをしていた放射線測定器「はかるくん」の添付資料「自然放射線」の中にある、一九九〇〜九八年の平均値から、福島県の数値を参考に「毎時〇・〇三マイクロシーベルト」で計算した。

自主避難者とは、年間被曝量が二〇ミリシーベルト以下の地域から避難した人たちのことだ。政府による避難指示がなかったものの、放射線の被曝影響を避けるために避難し、とくに放射線の影響を受けやすいとされる子どもを連れて避難した人が多い。

避難指示がなかったため、東京電力からの定期的な賠償はもらえず、夫だけが避難せずに避難元に残り、仕事を続け、母子で避難（＝母子避難）したというケースも多い。自主避難者たちは「裕福だから逃げられるのでしょう」と言われることがあるが、実際に話を聞くとそうではないことがほとんどだ。そして、原発事故による放射能汚染は県境で止まったわけではない。自主避難者の中には、福島県からの避難者だけではなく、宮城県や関東圏などからの避難者もいる。

避難指示のあった区域とそうではない区域とでは、国による支援施策や東京電力の賠償で明確に分けられている。原発事故前に居住していた地域ごとに避難者を区分けすると、目次の後ろの表のようになる。本書ではとくに⑧の自主避難、なかでも、母子避難にあたる人々に焦点をあてた。もともと福島県内に住んでいたが、二〇一一年三月から一度も政府による避難指示を受けず、「放射線の影響から子どもを守りたい」という思いで避難をした母と子たちだ。この五年間、どのような思いで暮らしてきたのか、そして、いま何を考えているのかについて綴っている。

**この先数十年の歴史の中で**

自主避難者の数を、国は正確に把握していない。

津波・地震・原発事故により避難をした人々の数は、毎月復興庁から公表されているが、その数は正確なものとは言えない。避難指示のあった地域から避難した人々の数は自治体が正確に把握しているが、自主避難者の数は、正確に調査されていないからだ。福島県は独自に「自主避難者」数を調査し把握しているが、それも公表されていない。福島県外、例えば、宮城県や関東圏などから避難した人たちは、自己申告しなければ、国からも避難元からも、自主避難者とすら定義されないため、おのずと数にはいらない。

いま、政府、そして福島県は「復興加速化」の名のもとで、避難者の切り捨てを始めている。二〇一五年六月、福島県は「二〇一七年三月末で自主避難者の借上住宅の提供打ち切り」を発表した。約九〇〇〇世帯、二万五〇〇〇人(二〇一四年一二月時点/福島県による)がその打ち切りの対象となる。これまで、自主避難者に対して無償で提供されていた住宅が、なくなるのだ。借上住宅で避難を続けていた多くの自主避難者・母子避難者たちが困惑した。県はのちに、引っ越し費用の負担や、その後二年程度の一部居住費補助などを打ち出した。借上住宅の打ち切りの決定と同時に、自主避難者たちは、望まない選択を強いられ始めている。ある人は葛藤しながら福島県へ帰ることを選び、ある人は避難を続けることで予想される生活困窮を前に職を変えた。当然、選択肢すら思い浮かばないという逼迫した人もいる。

かつて避難を指示された人々は「強制避難者」と呼ばれた。それ以外とされた自主避難者たちに、原発事故から五年がたち、今度は、いわば「強制帰還」「強制退去」が行われようとしている。五年でようやく積み上げた「暮らし」が奪われ、「被曝を避ける権利」も奪われる。

二〇一五年八月、私は福島県いわき市南部の山々に囲まれた農家を訪れた。福島の農家でよく見られる大きな家。木造の母屋の庇には、柿や大根を干すための竿がわたされている。縁側の下には、小さなキュウリの苗が並んでいた。

髪の短い、小柄な女性が笑顔で迎えてくれた。長田芳江さん(六〇代・仮名)は、二〇一一年三月一四日、ここで関東へ避難する娘一家を見送った。東京電力の福島第一原発一号機が爆発し、他の原子炉の危機も報じられるなか、「お母さんも一緒に避難して」と言う娘を励まし、車に押し込んだ。長田さん自身は、代々続く農地を捨てて自分も避難することはできなかった。すでに他界している長田さんの父は五〇年ほど前、県内の原発建設時に部落の集会で賛否を問われ、反対していた。

「反対したら、本当に、村八分にあってね。田舎だからね、村八分っていうのは本当にあるのよ。寄り合いの連絡が来ないとか、冠婚葬祭の仲間はずれになるとか。でも、「そんなこと、命のことを考えたら、どうでもいい」って父は話していました」

それから半世紀。「孫が、三歳のひ孫を連れて原発事故により避難するとは、想像もしていなかったでしょう」と長田さんは言った。

長田さんの娘は、三年の母子避難生活を経て、いま、元の住まいに戻っている。さまざまな苦労や葛藤をかかえて過ごした彼女の三年間は、このまま、正確な「避難者数」にすら残らずに歴史の中に消えていくのだろうか、と思うことがある。彼女だけではなく、他のたくさんの自主避難者・母子避難者のことも、この先数十年の歴史の中で、どう語られていくのか、考え続けている。

自主避難者がかかえてきた苦難はさまざまだ。五年を経て、個々の事情も異なり、状況も多様化している。避難を継続する人、自宅へ戻っていく人、先が見えず悩み続けている人、さまざまだ。これまでに私が出会い、話を聞かせてくれた一人ひとりの避難体験を振り返りながら、これまでの国や福島県の施策や、東京電力の対応にどのような問題があったのか、そして、いま何が必要とされているのかを考える材料を、本書では示したい。

# 目次

ルポ　母子避難

はじめに

第1章　地震直後――迫られた選択……1
3・11／爆発／さらに遠くへ／親戚宅で／埼玉へ
〔コラム〕　事故直後の被曝　25
第2章　避難生活――劣悪な環境……31
築四〇年の団地で／住み替え問題／「帰れ！」／郊外の公営住宅で／孤独な子育て／生活保護
〔コラム〕　福島第一原発事故における甲状腺がん　55
第3章　夫――一人残されたとき……63
転々と／東京へ／残された夫

〔コラム〕　放射能汚染の測定　84

第4章　作られていくしくみ――被害の矮小化のはじまり……95
賠償指針／賠償を元手に／子ども・被災者支援法／「住民票」という問題／閉ざされた新たな自主避難

〔コラム〕　分離世帯　118

第5章　なぜ避難者支援が不十分なのか……127
法律の基本方針／避難者とは誰か／原発ADR

〔コラム〕　残った夫たち　143

第6章　帰還か、避難継続か……157
葛藤／帰還／強いられる選択／二〇一四年夏になって初めて／広がる不安

［コラム］北海道と沖縄　182

第7章　消されゆく母子避難者……189
住宅提供打ち切り報道／「避難する状況にない」／帰還に向けて／市長との対話／泣きながら待つよりも

おわりに　211

| 市　町　村 | 人口*5 | 避難慰謝料等*6 |
|---|---|---|
| 双葉町・大熊町の大部分，浪江町・富岡町・飯舘村・葛尾村・南相馬市の一部 | 2.5万 | 避難慰謝料：月10万(合計750万)，帰還不能・生活断念加算：700万 |
| 飯舘村の大部分，大熊町，浪江町，富岡町，川内村*3，南相馬市，葛尾村，川俣町の一部 | 2.3万 | 避難慰謝料：月10万(解除後1年まで)*7 |
| 南相馬市小高区及び原町区の一部・楢葉町・葛尾村の大部分，双葉町・大熊町・浪江町・富岡町・川内村*4・田村市*4・飯舘村・川俣町の一部 | 3.3万 | |
| 川内村・田村市・楢葉町 | | 避難慰謝料：月10万(2018年3月末まで) |
| 伊達市・川内村・南相馬市原町区・鹿島区の一部世帯 | 282世帯 | 避難慰謝料：月10万(解除後3カ月まで) |
| 南相馬市原町区のほぼ全域・鹿島区の一部，田村市の一部，川内村の大部分，広野町の全域，楢葉町の一部 | 5.9万 | 避難慰謝料：月10万(2012年8月末まで) |
| いわき市の一部 | 0.2万 | 避難慰謝料：月10万(2011年9月末まで) |
| 南相馬市鹿島区の大部分 | 0.9万 | 避難慰謝料：月10万(2011年9月末まで) |
| 県北(福島市等)・県中(郡山市等)・相双(相馬市等)・いわき市のうち上記の含まれない区域 | 143.5万 | 避難慰謝料＋生活費増加：子ども妊婦48万(避難の場合68万)その他大人8万，雑費：4万 |
| 県南(白河市等)，宮城県丸森町 | 16.6万 | 避難慰謝料＋生活費増加：子ども妊婦20万，雑費：4万 |
| 上記を除く福島県，宮城県(丸森町除く)・茨城県・栃木県・群馬県・千葉県等 | 数百万〜 | なし |

現状について」(2011年4月23日)．④については，人口が公表されていないため世帯数を記載．⑧・⑨については2010年国勢調査に基づき独自に算出

*6　単位は円．中間指針・同追補および東京電力の独自基準による生活者の賠償基準の骨子のみ記載

*7　大熊町・双葉町の住民は，②・③からの避難者にも帰還不能・生活断念加算700万円が認められている

出所：関西学院大学災害復興制度研究所ほか編『原発避難白書』(人文書院)

### 避難元の区域と賠償内容

| 区域名 | 概　要 |
|---|---|
| ①帰還困難区域 | 避難指示区域*1 のうち50ミリシーベルト超*2 の地域．少なくとも5年間は居住を制限 |
| ②居住制限区域 | 避難指示区域のうち20ミリシーベルトを超えるおそれがあり50ミリシーベルトを超えない地域．20ミリシーベルトを下回ることが確実になると避難指示解除準備区域に移行 |
| ③避難指示解除準備区域 | 避難指示区域のうち20ミリシーベルトを下回ることが確実な地域．解除・帰還を目指す |
| 解除された地域 | |
| ④特定避難勧奨地点 | 住居単位で注意喚起，自主避難の支援・促進が行われた地点．現在はすべて解除 |
| ⑤緊急時避難準備区域 | 緊急時の避難または屋内退避が可能な準備を指示された区域．2011年9月末解除 |
| ⑥屋内退避区域 | 屋内退避が指示された区域のうち計画的避難区域・緊急時避難準備区域に移行しなかった区域 |
| ⑦南相馬市の一部 | 南相馬市が独自に一時避難を要請した区域．2011年4月22日に帰宅を許容する |
| ⑧自主的避難等対象区域 | 原子力損害賠償紛争審査会の中間指針追補において，放射線被曝への恐怖や不安を抱いたことには相当の理由があり自主的避難を行ったこともやむを得ないとされた区域．避難指示は出されていない |
| ⑨半額賠償区域 | 自主的避難等対象区域には指定されなかったが東京電力が住民に対し慰謝料等の賠償を行った区域 |
| ⑩なし | ⑨までに含まれない地域 |

*1　避難指示区域は旧警戒区域(福島第一原発から20 km 圏内)と旧計画的避難区域を指す
*2　線量はすべて年間積算線量
*3　川内村の居住制限区域は2014年10月に避難指示解除準備区域に移行した
*4　田村市の避難指示解除準備区域は2014年4月に，川内村の避難指示解除準備区域は同年10月に，それぞれ解除された
*5　単位は人．すべて概数．①～③については原子力被災者生活支援チーム「避難指示区域の見直しについて」(2013年10月)，⑤～⑦は同「避難住民の

# 第1章　地震直後——迫られた選択

## 3・11

二〇一一年三月一一日午後二時四六分、マグニチュード九・〇の巨大地震が東日本を襲った。

福島県いわき市に住んでいた尾川亜子さん(当時二九歳・仮名)の自宅には、当時三歳の娘と、友だちの女の子、その母親の四人がいた。娘を翌四月から幼稚園に通わせることが決まっており、自宅に招いていたのは、入園前の園児が通うサークル保育で親しくなった親子だった。

突然、ゴゴゴゴという地鳴りとともに、下から突き上げるような揺れ。尾川さんはいつもの地震とは違うと感じ、「テーブルの下に! はやく!」と叫んだ。

娘と友だちの親子を大きなダイニングテーブルの下に入れると、両手でテーブルの天板を押さえ、両足で踏ん張った。木製の重いテーブルが、体ごと動き、家がギシギシときしむ。何かが次々と床に落ちる音に紛れて、子どもたちの「こわい」という声が聞こえてくる。はやく止まって、と心の中で祈りながら、全身に力を入れた。揺れは、何分間も続いたように感じた。

揺れが収まると、ただならない地震に、友だちの親子はすぐに自宅へと戻っていった。

尾川さんの夫は、自営業で、その日も自宅兼事務所にいた。すぐに尾川さんと娘のところに駆けつけてきたが、余震は繰り返しやってきた。

テレビでは、地震発生の第一報を伝えていた。すべてのチャンネルが地震の特別番組に切り替わり、各地の中継映像が流れ、「沿岸部は津波に気をつけるように」という注意喚起が繰り返されていた。福島県いわき市は震度六弱と報道されていた。

夫が言った。「姪っ子が心配だ。保育園に迎えに行こう」

両親の職場が遠いため、姪はすぐには迎えに来てもらえない。余震はおさまる気配がない。せめてここに引き取っておけば、安心だろう——。夫はそう判断し、尾川さんと娘を車に乗せ、同市内の保育園へと向かった。

海沿いの道を走った。もう少しで保育園に着く、というときだった。広い田んぼの向こうに見える公共施設の駐車場の様子がおかしかった。

「車が、浮いている……」

尾川さんは、呆然として言った。娘も驚く。夫は運転しながら、「何を言っているんだ」と返事をした。だが、尾川さんが指す方向を見ると、数百メートル先で、車がプカプカと浮いていた。

「津波」と気がつくまでに時間がかかった。このあたりは、海岸から一キロ以上離れていたはず。まさか、こんな場所まで、という驚きと、自分たちのところまで届いてしまうかもしれないという恐怖で、尾川さんは一瞬パニックに陥った。「ゴンゴンと下から湧き出てくるような津波」。尾川さんはのちにそう話した。

いわき市に津波が到達したのは午後三時三九分。それより数十分早く、岩手県、宮城県には津波が到達していた。

保育園に到着したとき、周りは迎えに来た車でいっぱいだった。

夫は車を園から少し離れた場所に停めると、「すぐに出られるようにUターンしておいて」と言い残して、保育園へ走った。カーナビのワンセグをつけると、上空から撮影した津波の様子が流れ始めていた。尾川さんは運転席に移り、Uターンした。津波に逃げまどう車の映像が目にはいる。万が一、ここまで津波がきたら――。はやる気持ちを抑えながら、「はやく、はやく」とつぶやいた。

津波は、保育園の一〇〇メートル先まで到達していた。それを知ったのは後のことだったが、あと数分遅ければ、車ごと流されていた。なぜ、あのとき、娘を連れて行ったのか――。そのときのことを、のちに何度も悔やんだ。

海沿いの道を避けて自宅に戻ると、すぐに避難準備をはじめた。高台にある親戚の家に向かうためだ。自宅は海から約二キロだが、もしまた大きな地震が起きたら、津波が到達するかもしれない。最低限の必要なものを整え、両親、夫、娘と、近所の夫婦の計七人で親戚宅に向かった。このころ、尾川さんは、福島第一原子力発電所が三十数キロのところにあるということを、意識することもなかった。

夕方になり、ＮＨＫが福島第一原発で二基の原子炉の冷却機能が停止したと伝えた。枝野幸男官房長官の会見がはじまったのは、午後七時半をまわったころだった。

「繰り返しますが、放射能が漏れているとか、現に漏れるような状況になっているという状況ではございません。しっかりと対応することによって、なんとか最悪の事態に至らないように、万全の、いま対応をしているところでございます」

しかし、午後九時ごろから政府は、原発から半径三キロ圏内の住民には避難を、半径三〜一〇キロの住民には屋内退避を呼びかけていた。状況は刻一刻と変化していた。

## 爆　発

翌一二日、尾川さんたちが行った高台の親戚宅は、避難者が一〇人になっていた。食料の備蓄があるわけではない。食べるものは底をつき、断水していた。近くのコンビニには、ガムと酒以外、何もなくなった。もちろんスーパーにも物はない。

友人からメールが届いた。「福島第二原発が危ないらしい」。いわき市は、福島第一原発よりも南に位置する第二原発に近い。「このころは、第一原発より第二原発のほうが心配だった」と尾川さんは言う。高台の親戚の家は、福島第一原発からは三十数キロ、第二原発からは二〇キロほどしか離れていなかった。

前日から一睡もせずに情報収集していた尾川さんは、この日のことを鮮明に覚えている。テレビでは、第一原発は一号機、二号機、三号機が冷却機能を失い、二号機の原子炉状態が確認できない状況だと報じていた。さらに一号機の圧力容器の圧力は上昇し、放射性物質が外部に漏れ出る可能性があることを指摘していた。

事態の悪化と同時に、避難指示の範囲は半径三キロ圏内から半径一〇キロ圏内に拡大された。一号機の格納容器内の蒸気を意図的に外に放出(ベント)する予定が報じられていたが、漏れ出す放射性物質は微量で、人体には影響がないこと、核燃料が破損するような事態には至っていないことが繰り返し報道されていた。

しかし、一二日早朝には、すでに第一原発に近い浪江町酒井地区で平常時の約五〇〇倍の数値にあたる毎時一五マイクロシーベルト、高瀬地区では毎時一四マイクロシーベルトの空間線量率が観測されていた。午前一〇時には双葉町山田のモニタリングポストで平常時の約一〇〇〇倍の毎時三二・五マイクロシーベルトに達していた。放射性物質はすでに漏れ出ていた。

また、一号機の格納容器のベントが成功したとされる時刻の直後、午後二時四〇分には、第一原発から北西に五・六キロの双葉町上羽鳥で、毎時四六〇〇マイクロシーベルト(平常時の一五万三〇〇〇倍)を観測していたことが、事故から三年を経て明らかになっている。一般人の被曝線量限度である年間一ミリシーベルトをたった一五分足らずで超える数値だ。

当時、メディアもそのような状況は報じていない。当然、尾川さんを含めた周辺住民も、知る術がなかったが、三〇キロ以上離れた場所にも、放射性物質は飛散していた。

地震と津波の恐怖も続いていた。親戚宅に集まっていた家族が当時いだいていたのは、「みんな一緒に居なくてはならない」という思いだった。一方で尾川さんは原発の状況を聞くたびに「何かがおかしい」「一秒でもはやく遠くへ行きたい」という焦りが募っていったが、夫と娘を連れて親戚宅を出られる雰囲気ではなかった。

午後三時三六分、福島第一原子力発電所の一号機の原子炉建屋が爆発した。空高く舞い上がる白煙の爆発映像は、夕方から各局で流された。だが、メディアも事態を正確に把握できていなかった。

尾川さんは、何度も「逃げたい！」と叫びそうになるのを抑えた。しかし、テレビの爆発映像を観ている家族に危機感はなく、政府からの避難指示もなかった。何度か逃げることを提案したが、「ここで大丈夫だろう」という返事が返ってきた。仕方のないことだった。テレビでは、「重大な事象」としながらも、格納容器や原子炉の損傷はなかったと発表する枝野官房長官の会見の様子が伝えられ、漏れた放射性物質は「微量」であり、「人体に影響はない」と繰り返し報じていたのだ。

尾川さんはこの日のことを思い出し、「恐怖と不安でいっぱいだった。家族の前では極力、冷静を取り繕っていたが、気がおかしくなりそうだった」と言う。

爆発に対する不安と同時に、水のない生活にも限界がきていた。尾川さんは、「食料も水もあるから」と、いわき市南部の自分の実家に行くことを提案した。実家は農家なので米の備蓄もあり、水道も止まっていなかった。何より、それを口実に福島第一原発から、さらに二〇キロほど離れることもできる。

身を寄せている親戚宅には、妊娠中の妹と、娘と年の変わらない幼児もいた。水もなく食料もない生活は、妊婦と子どもをかかえている一家には、よりいっそう過酷だった。寒さの厳しい三月、風呂にはいることもできない。かろうじて電気は通っているものの、いつ停電になるとも限らない。妊婦の妹は何度も「お腹が張っている」と訴え、尾川さんはそのたびに不安になった。この生活が続くようなら、妹とお腹の子どもが危なくなる。

家族と親戚の一〇人、さらに、近所に住んでいた妊婦と子どもも急きょ加わり、一三人が車三台に分乗して、尾川さんの実家へと向かった。いわき市南部への道はいくつかあったが、迷うことなく山側の道を選んだ。いつ、余震による津波が来るか分からない。日が暮れ、暗闇のなか、慎重に進んだ。

実家に到着したのは、夜一〇時過ぎ。通信状況もよくなかったため、両親へは「そっちに行く」としか告げていなかった。両親はすでに寝ていたが、一三人が到着すると、その人数に驚きながらも、すぐに風呂をわかし、妊婦から順に風呂に入れてくれた。久しぶりに温かい食事をとることもできた。その日は、茶の間と和室に布団を敷き詰め、一三人の大人と子どもが雑魚寝した。

そのころ、すでに避難指示は第一原発から半径二〇キロ圏内に拡大され、第二原発から半径一〇キロ圏内の住民にも避難指示が出されていた。尾川さんたちは爆発した第一原発から五〇キロのところまで逃げてきていたが、尾川さんはチェルノブイリ原発事故の放射能汚染が二〇〇〜三〇〇キロの範囲にも及んでいたことを、スマートフォンで集めた情報で知っていた。実家に到着してほっとしたのも束の間、見えない放射能の恐怖で、結局その日も、一睡もできなかった。

## さらに遠くへ

一二日の爆発後、福島第一原発の敷地内では、毎時一〇一五マイクロシーベルト（平常時の三万倍以上）の放射線量が測定されていた。爆発を起こした一号機と同様の現象が三号機でも起きているとも伝えられた。

尾川さんは、一三人分の食事の用意を手伝い、子どもたちを決して屋外に出さないように遊ばせながら、情報収集を続けていた。原子炉の状況の悪化とともに、「ここも危ない」という思いが募っていた。もっと遠くへ逃げたい。でも、家族はここまで逃げたことにホッとしている様子だった。尾川さんは一家の中では「嫁」の立場で、一緒に避難をしてきた義父母が今後の行動の決定権を持っていた。その義父母は当分、ここで過ごすつもりなのだろうと尾川さんは感じていた。

テレビでは三号機の冷却装置が失われた状況や、一号機の爆発で被曝した人がいることも伝えていた。しかし、「人体に影響を与える放射線量ではない」「原子炉の安全性を確保できる」「チェルノブイリのような悲惨な事故ではない」という報道もあった。尾川さんと家族の危機感の溝は深くなる一方だった。ネットの情報とテレビ・ラジオの情報にも差があった。

二日間、一睡もできずに放射能汚染への恐怖を感じ続けた。子どもを守りたいのに「ここからも逃げたい」と言えない現実。一三日の夜更けには、尾川さんはこらえきれず、実母の前で突然、ワッと泣きだしてしまった。気丈に振る舞っていた尾川さんの涙に、母は驚いていた。

尾川さんの母、長田芳江さんは、一四日朝の食事の際に、静かに、しかし、きっぱり告げた。

「孫を守るために、関東の親戚宅に娘夫婦を避難させたい。これからは、娘一家には三人で行動させてやってほしい。もう、子どもを避難させる時期にきています」

「嫁」である尾川さんが義父母に言えなかった一言だった。義父母は少し戸惑った様子だったが、了承してくれた。食事が済むと、すぐに尾川さんは夫と娘の三人で関東へ向かう準備をはじめ、同時に、妊婦の妹やその友人たちも、さらに遠くへ避難する準備をはじめた。

とはいえ尾川さんには「家族を置いて避難できない」という思いもあった。準備をしながら何度も実母に「一緒に避難してほしい」と訴えたが、「とにかく、先に避難しなさい」と言われるだけだった。先祖代々受け継がれている農地を守るために「まだ避難できない」と母は言った。幼いころから祖父の農作業を手伝ってきた尾川さんには痛いほどよく分かっていた。祖父は「この土地は平安時代から受け継いでいるんだよ」と事あるごとに昔語りをした。どんなに生活が苦しくても、土地を手放すことも、農業をやめることもなかった。尾川さんの母も、父に婿養子になってもらうことで受け継いだ土地だった。

それでも、一緒に逃げてほしかった。いざ出発、というときになり、尾川さんはパニックになる。「やっぱり避難しない」と泣き出してしまった。父や母がこれから先無事でいられるのか。これからどんどん事態が悪化していったら、もう二度と会えないのではないだろうか――。

泣きじゃくる尾川さんに、

「娘だけ、守れ」

尾川さんの母は、そう言って、背中をバン！　と叩いた。車に押し込むと母は、それ以上のことを言わなかった。昔から厳格な母がいつも以上に厳しい顔をしていた。

引き裂かれるような思いを振り切り、尾川さんは泣きながら関東方面へ出発した。見送る父と母が小さくなっていく。娘を守らなくてはならないのだと、尾川さんは自分に言い聞かせていた。

その約一五分後の午前一一時一分、福島第一原発では、一号機と同じ危機的状況に陥っていた三号機の原子炉建屋が爆発した。尾川さんの背中には、母の手の感触が残っていた。

三人は車で茨城県内にはいり公園の駐車場で仮眠をとった。一四日午後一時過ぎ、二号機の非常用冷却装置も停止した。燃料棒がすべて露出し、「溶融の可能性がある」という報道もあった。刻一刻と事態は深刻になっていく。ほんの数時間の仮眠から目覚めた尾川さんは、夫を起こすと、夜が明けるのを待たずに再び南下をはじめた。まだ、福島第一原発から八〇キロほどの距離だった。高速道路は封鎖されており、一般道で移動するしかなかった。

一五日午前六時一〇分、二号機からも衝撃音が起き、大量の放射能漏れが発生した。午前九時三八分には定期点検中だった四号機からも出火が確認された。

このころすでに、フランスやドイツなど、一部の海外の政府は日本にいる自国民に被災地や首都圏から離れるように勧告していた。三月一六日には、米国が福島第一原発から五〇マイル(八〇キロ)圏内の米国民に対し、避難を勧告している。東京・横浜以南への移動を求める国や、チャーター機や輸送機で出国をうながした国も数多くあった。尾川さんは実家に電話をかけ、「お願いだから、一刻も早くそこから避難してほしい」と言い続けた。

親戚の家に行こうかと考えていたが、ラジオが「埼玉県で通常の四〇〇倍の放射線量を観測した」と告げた。この報道の真偽は今となっては明らかにならないが、その情報をもとに行き先を変更した。NHKでも昼過ぎには東京都世田谷区・新宿区で、放射性ヨウ素とセシウムが観測されたことを報じていた。

尾川さんは、静岡県の親戚宅を目指すことにした。尾川さんは自分たちも汚染されていると考え、着ていた服と靴は、途中、すべて処分した。立ち寄ったスーパーやコンビニには商品があり、そのことに驚いた。子どもたちが公園で遊ぶ姿も見かけた。福島県から離れれば離れるほど、日常が流れている。つい四日前まで、自分たちも同じ生活をしていたことが不思議だった。

静岡県のあるコンビニにはいったとき、掃除をしている店員が車のナンバープレートをじろじろと見ていた。「いわき」と書いてある。福島から来たことが伝わったと瞬時に察した。気にせずにコンビニで商品を手にレジへ行くと、先ほどの店員が他の店員と静かな声で話をしている。お金を支払い、商品を受け取り、お釣りをもらおうと手を伸ばしたとき、店員が自分の手に触れないよう、お金を投げつけた。「触れたくないのだな」と感じた。まさか、自分がそんな目にあうとは思わなかった。

ようやく静岡の親戚の家に着いたが、日は暮れ、尾川さんも夫も疲れ果てていた。静岡の親戚は快く三人を迎え入れてくれた。そのときだった。娘が真っ青な顔で、ふらふらとこちらに歩いてきた。

様子がおかしいことに気がついた夫が驚いて娘を抱きかかえると、娘は白目をむいて意識を失ってしまった。

「どうしたの！」

尾川さんも娘にかけよった。何度呼びかけても、意識が戻らない。いくら大変な避難だったとはいえ、疲れて眠ったのとは違う。

「救急車！」と尾川さんが叫び、親戚がすぐに一一九番通報する。尾川さんは何度も名前を呼んだ。しだいに涙があふれてきた。夫がたまりかねて、娘の背中を思いっきりバン！バン！と叩いた。すると、ゴボッと娘が吐き出した。何かが詰まっていたようだった。娘の意識は戻ったが、ぐったりして動かない。

何度も呼びかけるが、少し目をあけただけだ。尾川さんは娘を抱きかかえて、到着した救急車に乗り込んだ。

幸い、娘の症状は病院で落ち着き、顔の色も戻りはじめ、受け答えができるようになった。診察を受けると、「チアノーゼが出ています」と医師は言った。「避難の疲れから、気道にものが詰まっていたのでしょう」と尾川さんに告げた。

尾川さんはホッとすると同時に、地震が起きてから娘の様子に気を配る余裕がなかったことを後悔した。自分も必死だったとはいえ、娘も、心身ともに疲弊していたのだ。

## 親戚宅で

静岡での生活がはじまった。親戚夫婦は、生活しにくさを感じさせないようにさまざまなことに気をつかってくれた。子どものいなかった夫婦は、「いつか、こんな娘が私たちにも生まれたらいいな」と言いながら、娘をわが子のようにかわいがってくれた。

親戚夫婦は共働きだったので、日中は親子三人で過ごすことができた。尾川さんは、夫婦の分も夕食を作り、空いている時間は静岡県内で避難先を探した。

だが、心配もあった。コンビニで釣銭を投げられた一件が忘れられず、静岡で避難生活を続けることを迷っていたのだ。車のナンバーは「いわき」のままだ。

当時、いわき市は独自に北部の一部地域に対して三月一三日に自主避難を要請した。政府は三月一五日、第一原発から二〇～三〇キロ圏内の屋内退避指示を出しただけだったので、いわき市のほとんどは、いわゆる「避難指示区域外」(自主避難区域)だった。

政府による避難指示がなかった地域からも、多くの人々が避難していた。約半年後、二〇一一年九月に開かれた原子力損害賠償紛争審査会の資料によれば、この三月一五日、いわき市から避難していた人は推計で一万五三七七人にのぼっていた。いわき市平地区・小名浜地区を対象とした調査では、事故直後に住民の五二・二％もの人々が市外へと避難している。

尾川さんは、すでに手続きを済ませてあった幼稚園に娘を入園させるかどうか迷っていた。

幼稚園の制服は自宅に置いたままだった。娘の背丈と成長を考えて選んだ、かわいい制服。娘は四月からその制服を着て幼稚園に通うのを楽しみに待っていた。サークル保育にも参加し、友だちを作り、用具もそろえ、入園のための費用も支払ってあった。

しかし放射能や原子炉の状況を考えると、すぐに戻って日常生活を送ることは、ためらわれた。枝野官房長官は「ただちに人体や健康に影響を与える数値ではない」と記者会見で繰り返していたが、事故から数週間がたっても情報は錯綜し、安全だとは到底思えなかった。

夫とも話し合い、四月からの入園をあきらめることにした。とりあえず一年ほど様子をみて、来年自宅に戻り入園すればいいと考えた。しばらくは、何かが起きたときには動きやすい態勢を維持することにした。

福島県全私立幼稚園協会は、二〇一一年四月に私立幼稚園の保護者を対象とした調査をおこなっている。

それによると、いわき市内の三七の私立幼稚園で、四月の入園予定者九三六人のうち二六五人(二八・三%)が辞退した。すでに在園する園児の保護者にも意向調査がおこなわれ、三二七七人のうち、原発が安定するまでの間の休園希望が六二三人(一九%)、原発に対する不安を理由とした休園希望が四〇一人(一二%)、原発に対する不安を理由とした転園希望が八九人(三%)にのぼっていた。

多くの保護者が不安をかかえるなか、いわき市の教育委員会は四月六日に始業式を実施すると発表した。これにより、一時的に市外に避難していた多くの住民がいわき市に戻っていった。尾川さんの夫にも、両親から「いつ戻るのか」という連絡が来るようになった。義父母はすでに自宅に戻り、自営業の仕事を再開していた。同じ仕事に携わる夫も、ずっと避難したままでいるわけにはいかない。四月一日、夫はいわき市へ戻っていった。

尾川さんと娘は親戚の家に残り、避難生活を続けた。親戚夫婦は嫌な顔ひとつせずに避難の継続を応援してくれていたが、一週間、一〇日……とたつうちに、申しわけなさが募りはじめた。ずっとこのままでいるわけにはいかなかった。

四月一九日、福島県内で子どもたちが屋外活動をおこなってよい基準値が年間二〇ミリシーベルト、毎時三・八マイクロシーベルトになった。政府のこの決定に対し、子どもを持つ福島県民の多くが不安を感じた。それまで年間一ミリシーベルトだった基準値が二〇倍に引き上げられたのである。四月二九日には、基準値の高さに抗議する小佐古《こさこ》敏荘《としそう》内閣官房参与が辞任会見をおこなった。

「年間二〇ミリシーベルト近い被曝をする人は原子力発電所の放射線業務従事者でも極めて少ない。この数値を乳児、幼児、小学生に求めることは学問上の見地からのみならず、私のヒューマニズムからしても受け入れがたい」。小佐古参与は涙ながらに主張した。また、五月二三日におこなわれた文部科学省と市民との年間二〇ミリシーベルトの撤回交渉には、福島県からバスで保護者七〇人ほどが参加し、それを支える市民も多数かけつけた。福島県の子どもも参加し、「僕たちは校庭で安心して遊んでもいいのか」という質問に対して職員が答えに詰まる場面もあった。また、福島市から参加した母親は「子どもを通わせて本当に安全なのか。不安だというお母さんがたくさんいる」と訴えた。

だが、このときすでに放射線の影響に対する考え方は、幼い子どもを持つ保護者の間でも分かれはじめていた。「ただちに人体や健康に影響を与える数値ではない」という政府の説明によるところが大きかったが、それだけではなく、福島県放射線健康リスク管理アドバイザーとして長崎大学の山下俊一教授や高村昇教授らの専門家が「健康にはまったく心配ない」と強調し、「子どもを外で遊ばせても大丈夫」「マスクは必要ない」という講演を、福島県内の各地でおこなっていたのだ。講演内容に疑問を持つ保護者もいたが、言葉どおりに受け取った保護者もいた。

五月になると尾川さんは、いったんいわき市の自宅に戻り、態勢を整えて再度避難することを決意した。親戚の家で避難を続けるわけにはいかない。長期避難を見据えて準備することにした。夫も了承し、ゴールデンウィークに迎えに来てくれた。尾川さんは静岡の親戚の家を出て、いわき市へ戻っていった。

## 埼玉へ

五月、尾川さんはいわき市に戻った。しかし、震災前のように生活をすることはできなかった。どこに放射性物質があるのか分からない。放射線量を計測する測定器を持っているわけでもなかった。「目に見えないものが周辺にある」ということがわかっているだけだ。当時はインターネットで調べても放射線測定器は売り切れか、手が届かないほど高額だった。

これまでは地元の野菜を食べていたが、福島県の葉もの野菜やタケノコ、シイタケ、原乳、牛肉などには、出荷制限がかかっているものもあったため、選ぶことができなかった。このころは、一部の限られた食品しか放射能測定がされていなかった。

いわき市の渡辺敬夫市長(当時)は、四月に農協のイベントで「風評被害を打ち破れ!」キャンペーンをおこない、農産物のPRをしていた。「がんばっぺ! いわき」のキャッチフレーズのもと、いわき市の農産物は安全であると強調し、メディアもそれを取り上げていた。なぜ「安全」と言いきれるのか、尾川さんは疑問を感じていた。尾川さんの実家は農家だ。風評被害の苦悩も理解できた。だが、放射性物質を体内に取り込ませたくない。娘の口にはいるものは、できる限り安全なものにしたかった。

スーパーを数軒まわり、県外の食材を探して食事を作った。ペットボトルの水を大量に購入し、娘の歯磨きにも水道水を使わせなかった。お風呂はやむなく水道水を使ったが、本当は怖かった。三月には東京都の金町浄水場からも放射性ヨウ素が検出され、周辺の乳幼児のいる家庭にはペットボトル入りの水が支給されていた。福島県の浄水場で検出されないわけがないと思った。また、子どもは買い物に連れて行くだけで、外で遊ばせることは一度もできなかった。目に見えない放射性物質がある生活は、尾川さんにとって娘にリスクを負わせる恐怖でしかなかった。そして、何かがあれば、三十数キロ先の原子炉は再び危険な状況になるだろうとも思っていた。緊張する日々が続いていた。

もう一度避難するため、尾川さんは情報を得ようと必死でパソコンに向かった。自主避難者も受け入れてくれる自治体、民間団体、空き家などを片っ端から調べた。

当時、福島県は県全域に災害救助法の適用を決めていた。厚生労働省もこれに対応し、自主避難者でも、公営住宅や雇用促進住宅、自治体が借り上げた民間アパートに無償で入居できることを全国の自治体や関連する団体に通知・要請していた。

しかし、各自治体の対応はバラバラだった。静岡県や東京都では、三月に自主避難者が「借上住宅に入居したい」と問い合わせたところ、「(自主避難者の住んでいた地域が)避難指示区域ではないから」と拒否されたケースもあった。喫緊で避難したいと考えていた自主避難者は、当てもなく探し回るしかなかった。

尾川さんが避難先を探していた五月もそれほど変わらなかった。インターネットで情報収集し、県外の自治体に問い合わせの電話をかけ、条件にあう場所を探した。少なくとも一年は避難し続けたい。そうすると、夫が通える場所がいい。尾川さんは、埼玉県に避難することを選んだ。実の弟が埼玉県に住んでいるので安心感もあった。

尾川さんは六月、埼玉県内の古い雇用促進住宅が自主避難者も受け入れていることを知り、入居することを決めた。いわき市から約二四〇キロ離れているが、週末に夫が通える距離だと判断した。

六月一五日、夫とともに必要最低限の家財道具を運び込んで入居した。冷蔵庫、テレビ、洗濯機、掃除機、そして娘のおもちゃ。築四〇年の住宅は外観こそペンキを塗りなおしてあったが、中は古く、薄暗い部屋だった。いわき市の自宅は、建てたばかりで住み心地もよかった。がらりと変わる環境に尾川さんは不安を感じた。尾川さんは、生まれてから約三〇年間、いわき市を出て生活をしたことも、一人暮らしをしたこともなかった。

## ［コラム］事故直後の被曝

原発事故直後に最も大切なのは、被曝を避けることである。しかし、福島第一原発事故では、国は、混乱を招く恐れがあるとして、被曝回避につながる情報を公表しなかった。そのため、結果的に、住民は避けられたはずの被曝をしてしまった。

事故直後の被曝で問題になるのは、放射性ヨウ素によるものだ。放射性ヨウ素は体内に取り込まれると甲状腺に集まり、甲状腺がんを発生させる可能性がある。チェルノブイリ原発事故では、放射性ヨウ素の体内取り込みによる小児甲状腺がんの急増が大きな問題となった。

この放射性ヨウ素による被曝は、安定ヨウ素剤を予防的に服用することで防げる。福島県と国は、このヨウ素剤の服用指示に失敗した。福島県は配布・服用の決定権を持ちながら、その指示のタイミングを逃し、原子力安全委員会も、服用に関する助言の伝達ができなかった。

しかし、二〇一一年三月一四日、三春町では、町の保健師たちがヨウ素剤の配布に向けて動き出していた。福島県庁に出向いて町民のためにヨウ素剤を確保し、一五日の風向きが危ないという情報を独自につかみ、町民への配布のタイミングを見計らっていた。国や東京電力、メディアからも情報がないなか、小児甲状腺がんの原因となる初期被曝（放射線量の高い時期に被曝してしまうこと）の影響を小さくするための最善の方法を模索し、実行したごくわずかな自治体のひとつである。

実際に、一五日には、放射性プルーム（事故により、上空に巻き上げられた放射性物質の雲状の塊）が、福島県中通り、関東地方に大きく拡散していたことが、後に原子力規制庁、環境省の大気汚染監視装置（排ガスなどを監視する装置）のろ紙を分析した調査などから明らかになっている。三春町の判断は正しかったことになる。

この日の福島県は降雨・降雪もあり、放射性物質が雨や雪とともに降り注ぎ、地上に沈着しやすい状態にあった。すなわち、その雨や雪にあたった人が被曝してしまう状況にあったと言える。

それを裏づけるデータも残っている。福島県内七方部（福島市、郡山市・二カ所、白河市、会津若松市、南会津町、南相馬市、いわき市）のモニタリングポストは、一五日にそれぞれの場所で放射線量が急上昇したことを示している。原発から約四三キロ地点にある福島市のモニタリングポストでは、一五日午後三時ごろから徐々に上がり始め、もともと毎時〇・〇五マイクロシーベルト程度だった数値が、午後七時近くには毎時二四・二一マイクロシーベルトまで上昇している。

その翌日、三月一六日には、福島県立高校の合格発表があった。前日には放射性プルームが通過し、雨や雪とともに降り注ぎ、その五日前には原発事故により国から「原子力緊急事態宣言」が発せられたばかりだった。

「延期になるのではないか」と思っていた保護者がいるなか、午後一二時から発表が決行された。当然、受験をした当時の中学三年生は、高校の屋外の掲示板に貼り出された受験番号を確認するために出かけている。「不公平にならないよう、必ず徒歩で行くように」という連絡がわざわざあった学校もある。また、親が送迎したくても、ガソリン不足が起きていた時期でもあった。

中学三年生だけではなく、高校の在校生が例年どおり、合格発表会場で部活動の勧誘をおこなっていたという情報もある。

また、いわき市などでも、断水の影響により、給水車に人々が並んだ。水を求める人がたくさんいた給水所では、半日ほど外に並んだと話す人もいる。水だけではなく、ガソリンの列に並んだ人も、何軒もスーパーを回ったという人もいる。

みな、口をそろえて「子どもを連れて行かなければよかった」と話す。「このときの初期被曝こそが、不安の原因だ」と話す人もいる。「避難していてもしていなくても、「子どもに何かあるのではないか」という不安は生きている限り、一生続く」と話す母親もいた。

「知っていれば、放射性プルームの流れにのって避難することなどしなかった」と話す母親もいる。東京大学大気海洋研究所の報告によれば、一五日の放射性プルームの移動コースは、一度、南下して関東圏を通過し、そのあと福島県中通り方面へと北上している。放射能汚染から逃げるつもりが、プルームの流れとともに、移動することとなってしまった、と複数の自主避難者が話していた。

初期被曝の調査は十分に行われておらず、今では個々の行動記録を踏まえて推計するしかない。現地対策本部が三月二六日から三〇日にかけて、いわき市、川俣町、飯舘村で計一〇八〇人の小児、児童の甲状腺被曝検査を行っているが、原子力安全委員会もこのときの結果が精度の低いことを認めているほか、測定方法が過小評価につながる可能性があることを指摘する専門家もいる。

食品による内部被曝も無視することはできない。三月一五日には福島県が実施した環境試料モニタリングで、福島県内の雑草から放射性ヨウ素が一キログラムあたり二七万〜一二三万ベクレル、放射性セシウムが三万〜一七万ベクレル検出されたことが発表されている。また、三月一六日以降、福島県、東京都、栃木県、茨城県などが、食品のモニタリングを実施し、二〇日までに三五品目が暫定規制値を超えたことを厚生労働省が発表。さらに、厚生労働省の公表したデータによれば、三月一八日の原乳から放射性ヨウ素が一キログラムあたり一〇〇〇ベクレル以上検出されたほか、翌一九日のホウレンソウから一キログラムあたり一万五〇〇〇ベクレル以上の放射性ヨウ素が出た。

それにともない、食材の出荷制限の指示が出たのは三月二一日である。原発事故から一〇日間は通常どおりの出荷が行われていた可能性がある。このころは、検査機器が不十分であったことや、検査品目や検査数が少なかったことも考慮すべき点だ。

また、自家野菜を消費していた人、井戸水を使用していた人などもいる。情報が少なく、スーパーにものがなかった時期に、それらを口にした人がいる可能性は否定できない。

# 第2章　避難生活——劣悪な環境

## 築四〇年の団地で

尾川さんの、娘と二人きりの生活が始まった。

一人暮らしをしたことがなかった尾川さんにとっては、緊張の連続だった。団地住まいもはじめてだった。しばらくは眠れない日が続いた。

「母子」での生活であることを周囲に知られないよう、できるだけ男性に見える服装で過ごし、娘にも男の子っぽい恰好をさせた。団地の住人と廊下ですれ違い挨拶をするときにも、低い声を出すようにしていた。

「いま思い出すと、笑ってしまいますけれど。でも、女と子どもという弱い立場の人間が、二人きりで生活していることを、誰にも知られたくなかったんです」

慣れない土地で誰も頼らず、人目を避けた生活がはじまった。近所の人と立ち話をすることもなかった。団地で開催される草むしりには毎回欠かさず参加したが、黙々と作業をするだけで、人と目を合わせないようにした。

人と関わらないように過ごす一方、娘には楽しい生活をさせたかった。そのため、遠くのスポーツセンターの体操教室に通わせることにした。月謝が安かったという理由もあったが、団地から遠ければ遠いほど、身近に自分を知る人を作ることがないだろうという考えもあった。

「あのころは、生活のリズムを体操教室で作っていました。そこへ行くことが、他人と関わる唯一のイベントでした」

古い団地の一室では、生活上の不便がいろいろあった。部屋の給湯器は壊れていてお湯が出なかった。必要なときにはヤカンで水を沸かして使った。顔を洗うのも、調理をするのも、狭い台所のシンクだった。寒い日は、水で顔を洗うことがつらかったが、そんなことにも徐々に慣れていった。

パソコンはいわき市の自宅に置いたままだった。情報収集はすべてスマートフォンに頼っていた。夜、娘が寝静まると、時間のあるときには原発事故、放射能のことを調べていた。いつになったら帰れるだろうという思いもあったが、ネットから得られる情報は、残念ながら決して楽観できるものではなかった。

福島第一原発事故は発生から約一カ月で、国際原子力事象評価尺度(ＩＮＥＳ)で最も深刻な事故にあたる「レベル7」と発表された。また、事故直後には「メルトダウン(炉心溶融)はしていない」とされていたが、五月半ばには、「メルトダウンしていた」と報道された。

放射能汚染の実態も少しずつ明らかになっていた。行政よりも早く、放射線測定器を持つ市民が測定し、ネット上で発信していた。放射性物質は「避難指示区域」でとどまることなく、福島県内どころか県境も大きく越えていた。

食品の放射能汚染も徐々に明らかになった。出荷制限がかかる食品も増えていった。福島県や周辺の県の葉もの野菜と原乳にはじまり、シイタケ、コウナゴ、タケノコと続き、六月になると関東圏の茶葉も基準値を超えた。さらには、牛肉にも出荷制限がかかり、原因になった稲わらが一キロあたり数万ベクレルという桁違いの汚染になっていると報道されていた。

古い造りの団地は、壁一枚隔てた隣人の声や物音も聞こえた。

尾川さんは生まれたときから広い農家の家で育ち、結婚後も二世帯住宅の一軒家で生活していた。閉塞感のある部屋に慣れるには時間がかかった。娘にも部屋の中で騒いではいけないと教え、小声で会話をした。

ある日、買い物から帰ると、台所の換気扇が壁から落ちていた。一瞬、何が起きたのか分からなかったが、どうやら老朽化で重さに耐えられなくなり外れたようだった。団地の管理人に話して新しい換気扇に付け替えてもらうことができたが、こんなときに頼れるはずの夫は、遠くいわき市にいた。心細さは募った。

風呂にはいるときには、電気をつけなかった。廊下に面した風呂場は、はいっていると明かりが外に漏れてしまう。もし母子で生活していることが伝わり、入浴している隙に誰かが部屋にはいってきたらと考えると、不安だった。狭く、暗い風呂場だったが、風呂場の電気をつけない生活は、結局、避難生活の最後まで続いた。

尾川さんがこれほど怯えていたのには理由がある。

部屋の隣人と、その向こうの部屋の住人が、昼間から酒を飲んで喧嘩をしていたのだ。二人の喧嘩は、団地内でも有名だった。夜中の午前三時ごろに、壁を叩き合いながら喧嘩をしている音も聞こえていた。娘を怖がらせないように平静を装っていたが、尾川さんは、彼らが酒を飲んだ勢いで、矛先を自分たちに向けるのではないかという恐怖に怯えていた。

廊下での挨拶を低い声でしていたのも、母子で生活していることが周囲に伝わらないようにしていたのも、そのせいだった。近くには頼れる人もいなかった。そして、ここから出ていくわけにもいかなかった。災害救助法に基づいて無償で提供される借上住宅は、一度転居すれば「避難の終了」とみなされ、以後は家賃が発生する。新しい住まいを見つけて避難生活を続けられるほど、家計に余裕はなかった。

## 住み替え問題

借上住宅の「住み替え問題」は避難者に共通の悩み事だった。

東日本大震災で災害救助法が適用されたことにより、借上住宅はプレハブなどの建築型仮設住宅だけではなく、全国の公営住宅や民間賃貸住宅も「みなし仮設住宅」として無償提供されている。一度住んだ借上住宅は、「大家の都合」「病気(診断書付き)」「著しい危険性」などの基準を満たさない限り、住み替えが認められていない。住み替えると、「緊急時」ではなくなったとみなされ、転居先では自分で家賃を支払って住むことになる。つまり、「避難の終了」となる。

尾川さんのように、事故直後、急場で借上住宅を選んだ人は数多い。じっくり選ぶ余裕もなく、選択肢も乏しかった。それにもかかわらず、隣人トラブルや家族構成の変化があっても、なかなか転居ができない。

自主避難者は原発事故後、避難にかかる費用を自己負担した。避難生活が長くなればなるほど、生活は苦しくなる。無償での借上住宅の提供があるからこそ、避難を継続できていた。発災当初から自主避難者には継続的な賠償は一度もない。福島県の「自主的避難等対象区域」に指定された地域からの自主避難者には、定額の賠償が二〇一二年に二回あったが、避難費用をカバーするにはとうてい足りない金額だった（目次の後ろの表参照）。

この住み替え問題は、全国各地の自主避難者を苦しめ続けた。各地で住み替えを望む切実な声が、受け入れ自治体や福島県に寄せられたが、認められることはほとんどなかった。

対応も自治体によって異なった。新潟県や山形県は柔軟に対応し、比較的要望に応じていたが、もともと住宅の不足している東京都や神奈川県、埼玉県では、二〇一五年になってもなお、認められたのはわずか六〜一〇件のみだった（毎日新聞朝刊二〇一五年三月一三日）。自ら望んではじめた避難ではないにもかかわらず、生活上の苦難や命の危機すら解決する方法がないまま、一部の自主避難者はそれらを「我慢」するしかなかったのだ。

避難生活が長くなればなるほど、家族の状況も変化する。東京都では、単身者用のアパート

埼玉県の雇用促進住宅．ここには避難指示・自主避難を合わせて約100世帯の避難者が住んでいた．(2014年6月)

に避難した母子に第二子が生まれ、手助けしてくれる人もいない孤独のうえに、部屋が狭くて気分転換のための「逃げ場」もなく、精神的に追い詰められてしまった母親もいる。

また、山形県では、足の悪い高齢者がエレベーターのない公営住宅の二階に避難していて、支援者が転倒の懸念を再三、行政に訴えたにもかかわらず、実際に転落して骨折するまでは転居が認められなかったケースもある。

埼玉県では、尾川さんとは別のケースとして、酒を飲んだ隣人が避難してきた子どもを罵倒して頭を殴ったり、団地内の他の住人に対して傷害事件を起こしたりして警察に何度も通報されても、住み替えが認められなかった事例もある。

福島県に問い合わせると「避難先の自治体の判断」と言われ、避難先の自治体に問い合わせをすれば「住民票のある自治体に聞け」と言われる。避難先の借上住宅が雇用促進住宅やUR住宅の場合は厚生労働省や国土交通省の外郭団体も関係してくるため、さらに複雑になる。困っている避難者はただ途方に暮れるしかなかった。

災害救助法の運用にあたっては「平等の原則」が最も重要とされる。しかし現実には、この原則が逆手にとられ、「他の人も我慢しているのだから、あなたも我慢すべきだ」という方向で言われる。災害時の住宅問題に長年取り組んでいる津久井進弁護士は、「この問題は二〇年前の阪神淡路大震災のときから繰り返し指摘されている」と話している。

そもそも、尾川さんは「住み替えたい」と行政に申し出ることもしなかった。どんなに劣悪な環境であっても、我慢するしかないのだろうと思っていたのだ。状況によっては住み替えが認められるという仕組みも知らなかったうえ、政府が認めていない避難、つまり「自主」避難だから仕方がないという意識にとらわれていたからだった。

「避難指示がない避難は「自主的」なもので、自己責任である」という避難者自身の意識や、世間の空気が、多くの自主避難者を苦しめる問題の根幹にあった。

## 「帰れ！」

そうした自主避難者のほとんどが孤立していたと言っても過言ではない。自力で避難先を探し、誰の力も借りずにぽつんと避難生活を開始した人は数多くいた。

二〇一一年三月一四日、河井加緒理さん(当時二九歳)はいわき市から一家四人で栃木県へ避難した。

「あんなものが爆発して安全なはずがない」

河井さんは原発が爆発したときに、そう思った。当時、息子は五歳、娘は三歳だった。最初に向かったのは、栃木県のスポーツセンターだった。避難所として、一世帯ごとに一部屋が割り当てられていた。段ボール生活ではない避難所は、環境はそこそこ良いものだった。そのスポーツセンターでは、多くの福島県からの避難者が共同生活をしていた。原発周辺で避難指示があった人も、河井さんのように自主避難していた人もいた。

河井さんの息子は、人一倍動き回るとても元気な子どもだ。娘も動きたい盛りの三歳だった。避難所では河井さんの子どもたちだけではなく、多くの子どもたちがエネルギーを持て余していた。子どもたちはすぐに仲良くなり、共有スペースのスポーツセンターのロビーで遊ぶようになった。そこには一台のテレビがあり、原発事故のニュースが流れていた。大人たちもそこに集まり、情報を得ては口ぐちに不安を語り合った。

だが、避難生活が続くにつれて、先の見えない不安から、避難者の間にもいらだちが見られるようになった。子どもたちが声をあげて遊ぶ姿に対し、露骨に嫌な顔をする人もいた。河井さんは、申しわけなさをかかえながら、避難所の掃除などを率先しておこない、子どもたちにもたびたび「あまりうるさくしては駄目よ」と注意していた。

ある日のことだった。子どもたちが輪になって共有スペースで遊んでいるのを見ていた初老の男性が突然、パーテーションの壁を殴った。子どもたちに「うるさい、静かにしろ！」と叫ぶのを聞きつけ、河井さんは掃除の手を止めて駆け寄った。「あっちへ行け！」男性は怒鳴り続ける。子どもたちは怯えていた。

ちょうどそのころ、自主避難者の父親たちは、仕事の再開で自宅に戻りはじめ、母と子どもだけで避難を続ける世帯が増えていた。初老の男性に対等に意見できる父親は、その場にはほとんどいなかった。

とっさに河井さんは「どうしてそんなことを言うんですか」と口に出した。子どもたちも、不便な生活を強いられている。ただ遊んでいるだけで怒られては、子どもたちの居場所がない。弱い立場の母子ばかりになって、あからさまに文句を言いだした男性に、いらだちもあった。

子どもにそんな風に言わないでください——と、言葉を続けようとしたときだった。男性は摑みかかる勢いで河井さんに向かって怒鳴った。

「うるせぇ！　帰る場所のあるやつは、帰れ！」

広いロビーにその声が響き渡った。河井さんに言葉を失った。

騒ぎを聞きつけて集まった周囲の人が河井さんを逃がすように調理室へ連れていった。河井さんは泣き出してしまった。「帰る場所のあるやつは、帰れ」という言葉を、頭の中で何度も繰り返した。私は帰る場所があるのか。だから、避難していることを認めてもらえないのか。男性は原発から近い、避難指示が出された場所から避難してきていた。たしかに、男性は帰ることはできない。

「このときの経験が、私に「自主避難は自己責任」という意識を植えつけたのだと思います。誰にも頼ってはいけない、自分ですべて解決しなくてはならない。誰からも「原発避難者」として認めてもらえない。そう思って過ごすことになったきっかけでした」

河井さんは、のちにそう話してくれた。この意識が、このあと、河井さんをさらに追いつめることになる。

## 郊外の公営住宅で

三月下旬になると、避難所の閉鎖がささやかれるようになった。河井さんは幼い子どもを連れていわき市の自宅に戻ることはできないと悩んでいた。避難所のスポーツセンターの職員に「どこか自主避難者でも受け入れてくれる場所はありませんか」と相談すると、埼玉県のいくつかの公営住宅を探してくれた。河井さんは、確実に入居できそうなところを狙って応募した。それは、郊外の住宅だった。

河井さんは、その返事を待たず、避難所を出て埼玉県にいる兄の家に一時的に身を寄せることにした。兄は「いつまででもいていいよ」とは言ってくれていたが、単身者の住まいに親子三人が加わると、とても生活を続けられる状況ではなかった。

四月中旬、その公営住宅に入居できるという返事があった。

河井さんはこのころのことを思い出してこう話す。

「子どもが人一倍元気だったので、どろんこ遊びをしたり、自然と親しんだりするような、のびのびとした保育園に入れたいと思っていたんです。いわき市に住んでいたときにも、そういう保育園を選んで入園させていました。だけど、入居ができる埼玉の公営住宅周辺の保育園をどんなに探しても、仕事の行き帰りに送迎できる距離ではなかったり、すでに定員がいっぱいだったりして、それはかないませんでした」

入居が決まるとすぐ、公営住宅の近くで仕事と保育園を探した。幸い、河井さんのパート先も決まり、息子と娘の保育園も決まった。

夫からは、避難生活に対する経済的な援助が一切なかった。避難を反対することはなかったが、最初から「金銭的な協力はできない」と言われていた。もともと家計が苦しいということもあったが、河井さん自身も「自分が何とかしなくてはならない」と思っていたのだ。自分たちがこちらで生活基盤を作りあげれば、夫はいずれ仕事を辞めて、自分たちのもとへ避難してきてくれるだろう。河井さんは信じていた。

避難先の環境に慣れる間もなく、仕事と保育園の往復生活がはじまった。朝ご飯を食べさせ、保育園に送り、仕事に向かう。仕事が終わると、まっすぐ保育園へ行き、買い物をして自宅に戻り、夕飯を食べさせ、お風呂に入れて眠る。見知らぬ土地で、誰の力も借りずにすべて一人でこなした。

夜になると、夫に毎日電話をした。「いつ避難してくるの?」。そう聞いても、いつもはぐらかされた。

「すべて私に決めさせよう、という雰囲気でした」

河井さんは当時の夫とのやり取りを思い出してそう話す。心細さは募る一方だった。貯金を切り崩しながらの生活はどんどん苦しくなっていった。

ある日、夫が河井さんのいないところで「あいつが勝手に避難したんだ」と身内に話していたことが分かった。子どもを守るために避難するのは当然だと河井さんは考えていたが、夫は違ったのだ。河井さんは、夫との考え方の違いに、改めてショックを受けた。

家族とは、こういう困難に一緒に立ち向かうものではなかったか――。

河井さんは、繰り返し「こっちに避難してきて」と伝えたが、「何とかする」と言うばかりで、煮え切らなかった。

それからしばらくたったある日、とうとう夫が改めて切り出した。

「避難費用はこれからも、どうにもできないよ。そっちの生活はそっちでなんとかしてほしい」

河井さんは愕然とした。これまで頑張ってきたのは、いずれ夫が避難してきてくれると思っていたからだ。しかし、夫には、その気がないということだろう。さらに、金銭的援助を一切しないという改まった宣言は、いわば兵糧攻めだ。夫にはもう頼ることはできない。避難生活を続けるためには、自分が稼ぐしかない。

河井さんにはいわき市に戻るという選択肢はなかった。子どもたちは泥んこ遊びが大好きで、外にあるものは手あたり次第、遊び道具として触る。いわき市に戻り、普段の生活をはじめれば、子どもたちは無防備に放射性物質に接してしまう。

それからの数カ月、河井さんはどんどん疲弊していった。

「あのころ、私は笑うことが少なかったと思う。きっと子どもたちはさみしかっただろうな、と思います。不安なことばかりだったし、疲れていたし、笑顔になれなかった」

そんな生活に、幼い息子は「いわきに帰りたい」と泣いた。

あるとき、河井さんは賭けをしてみる。夫にしばらく電話をしないとどうなるだろうと考えたのだ。心配してかけてくるだろうか。何かあったと思い、飛んでくるだろうか。これだけ疲弊している自分たちを見て、そのまま一緒に避難してくれないだろうか。

しかし、夫は、一度も電話をかけてくることはなかった。一週間がたち、こらえきれず河井さんから電話をしてみると、電話がなかったことを話題にすらせず、心配していた様子も一切なかった。

## 孤独な子育て

フルタイムの仕事は月に一度、土曜日に出勤しなくてはならなかった。保育園が休みのうえ頼る人もいなかったため、六歳と四歳になった幼い子ども二人を家で留守番させるしかなかった。お昼ご飯を用意し、自分たちで食べるように言い聞かせ、仕事に出かけた。

そんなある日、仕事から戻ると四歳の娘がいなかった。青くなって近所の公園や行きそうな場所を探したが、どこにもいない。河井さんはいてもたってもいられない気持ちで六歳の息子に「なんでみていなかったの！」と激しく怒鳴ってしまった。

河井さんは、その時のことを思い出し、いまも後悔している。「親の都合で留守番させているのに、不安な気持ちを息子にぶつけてしまった。あの子は何も悪くなかったのに」。六歳の幼さで四歳の妹の面倒を一日中みていることはできないはずだ。

どこかで車にひかれていないか、誘拐されたのではないか、悪い想像ばかりがふくらむ。あたりはすでに暗くなっていた。息子と一緒に、娘の名を呼びながら周辺を探し続けた。

結局、一時間後に娘は近所の友だちの家で見つかった。ほっとして力が抜けると同時に、強烈な疲労感に襲われた。無邪気な子どもたちの顔をぼんやり見つめながら、子どもを守るために避難しているのに、私は何をしているのだろう、と思った。

このころ、子どもたちは、土日になるとよく熱を出し、毎週末、病院に通っていた。平日に仕事を休ませてはいけないと、子どもたちも気を張っていたのかもしれない。

二〇一一年一一月、河井さんは離婚を決意した。避難から約八カ月、「夫婦二人で一緒に子どもを守りたい」と願っても、夫にはそう思ってもらえないという事実を、毎日突きつけられる状況に耐えられなくなった。夫は離婚を受け入れたが、「養育費を支払う」とは言わず、河井さんもそれを求めなかった。

河井さんは少しずつ壊れていった。夜になるとアルコールに頼るようになった。最初は五〇〇ミリリットルの缶酎ハイを一本飲む程度だったが、徐々に増えていった。多いときには一晩で六缶パックがなくなっていた。毎晩、さみしくて泣いていても、お酒を飲みはじめれば、すべて忘れることができた。

「何も考えなくていいことが楽でした。おいしいとかまずいとかじゃなくて、お酒は現実を忘れるための道具。飲んでいるときだけ、救われていたんです」

毎晩、三時間眠ると目が覚めてしまう。もう一度眠ろうとしても、どうしても眠れない。ようやく眠れそうになると、もう起きて朝の支度をしなくてはならない時間になっていた。

このままではいけない——。少しでも気分を変えて明るく生活をしないと、子どもたちがかわいそうだ。子どもたちの笑顔も減っていた。気持ちのゆとりのなさから些細なことで叱ってしまう。子どもたちは、自分の顔色をうかがうようになっている。河井さんはそう気づいていた。

思い切って、気に入ったカーテンを購入し部屋の雰囲気を変えることにした。赤い糸で大きな花が刺繍された、レースのカーテンだった。明るい雰囲気になった部屋で、河井さんは自分の気持ちも立て直そうと心に決めた。

数日後、河井さんがゴミを出すために外に出たところ、同じ団地に住む年輩の女性から「あら、カーテンを替えたのね」と、声をかけられた。「はい」と笑顔で河井さんが答えると、女性は「いいわねぇ、避難者は東電からお金がもらえて」とつぶやいた。河井さんは「もらっていません」と答えたが、相手は返事も聞かずに立ち去っていた。

河井さんは呆然と立ち尽くした。この時期、東電から自主避難者への賠償はなかった。これだけ苦しい生活をしているのに、カーテンひとつ替えただけでも責められるのか。耐えがたい大きな孤独感が河井さんを襲った。ふと、栃木県のスポーツセンターで投げかけられた言葉を思い出した。「帰る場所のあるやつは、帰れ!」。男性の怒鳴り声。摑みかかってきそうな顔。河合さんは、このときも、こう思った。

私たちは、国からも、福島県からも見捨てられ、世間にも認められない。どこにも自分の味方はいない——。

自分の部屋の窓に目をやると、華やかな赤い花の舞うレースのカーテンが見えた。

## 生活保護

二〇一二年の夏ごろから、河井さんの体調に異変が起きた。くるくると目が回るようになり、スーパーで買い物をしているときに息ができなくなり、手の震えをおさえられなくなった。仕事中にもめまいが起き、倒れてしまった。しだいに、身体のコントロールが利かなくなっていた。

だが、病院には行かず、漢方薬を処方してもらい、何とかフルタイムの仕事をこなしていた。

仕事から帰った河井さんは、疲れ果て、子どもたちと会話を楽しむ余裕もなかった。自分のつらさのやり場もなかった。そのため、つい、子どもたちにあたってしまう。些細なことで、感情にまかせて叱ってしまうことが増えた。思い余って、手が出てしまうこともあった。夜になって子どもが寝静まり、一人になると、毎日、「死にたい」と思った。

いわき市にいたころの生活を思い出すこともあった。休みの日には海や山へ出かけ、四季折々の恵みを感じていた。夜は、ベランダから子どもたちと一緒に星を眺めていた。

子どもたちにものびのび自由に育ってほしいと願い、いわき市で通わせていた保育園もこだわって選んだはずだった。紙おむつを使わない、集団指示もない、泥んこ遊びを大切にした裸足教育の保育園。園庭ではヤギやニワトリなどの動物を飼い、子どもたちに小さな命を大切にすることを教えていた。土で作られた小さな山があり、園児たちはトンネルを掘り、水を流し、裸足で楽しそうに走り回っていた。

卒園式には、子どもたちがそれぞれに得意なことを披露するしきたりで、親たちはそれを楽しみにしていた。あと一年でその息子の晴れ姿が見られるはずだった。

今は、子どもたちと笑顔で会話することすらできない。「こんな風に生きたい」「こんな風に育てたい」というささやかな願いは、もう叶わない。そして、もう取り戻せない。今の自分には、願いをどう実現できるかを考える余裕も、実現する経済力もない。失ってしまったものは大きかった。

少しでも忘れたくて、頼るお酒の量も日に日に増えていった。何度か、子どもが寝てから一人で飲みに出かけたこともある。罪悪感はあったが、耐えがたい苦しみから、ほんの数時間だけでも解放されたかった。酔って、何もかも忘れてしまいたかった。

しかし、河井さんは踏みとどまろうとする。このままではいけない。意を決し、藁をもすがる思いでカウンセリングを訪れた。

緊張しながら、これまでのことを正直に打ち明けると、「あなたはお酒、やめられないですね」と何気なく、その医師は言った。

その瞬間、「ダメ人間の烙印を押された」と感じた。助けてほしいと願った先で、そんなことを言われると思わなかった。その些細な一言が、河井さんにとっては、まるで「死ね」とでも言われたようにつらかった。

ある日、仕事に行けなくなった。その次の日も、起きあがることができなかった。そして、その次の日も。もう、限界だった。

外に出ることができない。誰も信用できない。周囲のすべての人から責められているようで怖い。

誰も自分がこうなってしまったことを理解してくれないと感じた。「原発事故のせいだ」と言いたくても、「帰る場所のある人」と言われ、賠償をもらっていないときでも「賠償があっていいわね」と言われる。立ち直ろうと努力すれば「あなたは酒をやめられない」と宣告される——。

娘の保育園の送迎と買い物以外は、部屋に引きこもる生活になってしまった。

河井さんが仕事に行かなくなったことを知った近所の人が、今度は「たくさんお金をもらっているのでしょう。余裕があっていいわね」と、声をかけてきた。

もう、言葉を返す気力もなかった。

行けなくなった仕事は休職扱いにしてもらった。傷病手当、母子手当、児童手当と貯金だけで生活をはじめることになった。育児も生活も、もうどうにもならないところまできてしまっていた。

そんな河井さんを見かねた知り合いが、生活保護を受けることをすすめてくれた。

生活保護を受けることに、河井さんは抵抗があった。それでも、生きていくためには仕方がない。仕事ができない状況では、子どもを育てていくこともできない。河井さんは、「今はこうするしかない」と自分に言い聞かせ、役所を訪れた。

［コラム］
## 福島第一原発事故における甲状腺がん

福島県は原発事故後、二〇〇万人の福島県民を対象に「県民健康調査」を実施している。「県民健康調査」の目的は「県民の健康状態を把握し、疾病の予防、早期発見、早期治療につなげ、もって、将来にわたる県民の健康の維持、増進を図ること」。事業を受託した福島県立医科大学が、健康診査や事故後の被曝線量推計など、さまざまな調査を実施している。そのひとつに、「甲状腺検査」がある。

一九八六年に起きたチェルノブイリ原発事故では、放射性ヨウ素の被曝によって子どもの甲状腺がんが増えたことが、ＩＡＥＡ（国際原子力機関）を含む複数の国際機関によって確認された。甲状腺がんは、原発事故との因果関係が公式に認められている唯一の疾患でもある（実際には、白血病やその他の病気が増えたという報告もある）。

そのことをふまえ、県民健康調査では、二〇一一年三月一一日の時点で一八歳以下だった子ども約三八万人を対象とした甲状腺検査を実施。二〇一五年一一月三〇日時点で一五一人が甲状腺がんの悪性または悪性の疑いと報告され、一一六人が手術を受けた。これまでの手術では、肺やリンパ節に転移している症例もあった。

県民健康調査の実施状況を評価するために福島県が設置した「検討委員会」では、子どもの甲状腺がんが事故前に比べて数十倍に増えているという報告があったものの、放射線による影響とは考えにくいという見方を示している。一方で因果関係がある可能性を指摘する疫学者が国際学会誌に論文を発表するなど、今なお、専門家によって見解が分かれている。

### 福島県外避難者の甲状腺検査

福島県外避難者の甲状腺検査は、福島県が指定した各都道府県の検査機関でおこなわれている。まず県外避難者の元に県立医大から通知が届き、検査機関と検査日が指定される。その日に検査できない場合は、個々に記載された病院に連絡して検査日を変更する。

「平日の指定だから、学校を早退、あるいは欠席しなくてはならない」

と、ある自主避難者は言っている。福島県内では検査のための欠席は公休扱いになるが、県外避難者だと、公休にはならない。

埼玉県では、検査できる病院は当初、一軒のみだった。現在はもう一軒増え、二軒の病院で検査が可能になったが、五〇〇〇人以上の避難者がいることを考えると、少ない。埼玉県の端から行く場合、移動だけでも負担になる。そのため、甲状腺検査をあきらめたという人もいる。

福島県内での検査も可能とされているが、移動時間がかかるうえ、福島県に戻るための交通費が出ないなど、避難者にとって現実的な方法とは言いがたい。

**甲状腺エコーの診断**

甲状腺検査では、県内外を問わず一次検査には超音波を使ったエコー検査を採り入れている。ところがエコー検査では、親が立ち会っていても診断内容は告げられない。そのため保護者からは不安視する声が多く出ていた。現在は改善されたというが、実際に立ち会った保護者の話では、目の前で行っている検査機器の操作で、のう胞のサイズを計測していることが分かっていても、のう胞の有無すら教えてもらえなかったという。

牛山元美医師による甲状腺エコー検査の説明会にて，動画をのぞき込む参加者．（2015 年 11 月．埼玉県）

「県立医大から郵送で結果が送られるので、何も申し上げられない」

「診断はできないことになっている」

と言われた保護者も多くいる。

送られてくる診断結果には、「判定結果（A1、A2、B、Cの四段階）」と「のう胞の数・大きさ」「結節の数・大きさ」が示されているだけで、エコー画像はついてこない。入手するためには、情報公開制度に基づいた自己開示請求が必要になる。書類を書き、県立医大へ郵送し、請求するという手間がかかるが、自己開示請求を行うと、子どもの甲状腺エコーの画像の動画が送られてくる。子どもの診断結果を残すために開示請求を行う保護者が多かったため、開示の手続きが二〇一三年一一月に簡素化されている。

「自分の子どもの甲状腺エコー動画の意味が知りたい」という声に答え、二〇一五年一一月、甲状腺学会の会員である、さがみ生協病院内科部長の牛山元美医師に公開で診断説明会をしてもらったことがある。説明会への関心は高く、狭い和室は三〇人ほどでいっぱいになった。数人の母親が、情報開示請求を行って得たわが子の甲状腺エコー動画を持参し、その動画を見ながら、牛山医師の診断を聞いた。

牛山医師は、丁寧にそのエコー動画の意味するところを示し、一人ひとりの質問に答えていった。

詳細が示されない診断結果に不安を感じていた母親は、

「本来は、県立医大のほうから、こういった丁寧な説明があるほうがいいと思う」

と話した。

**県立医大以外での甲状腺検査**

とはいえ福島県への不信感もあり、県立医大が行う「県民健康調査」は受けたくない、という人もいる。だからといって、受診しないというわけではなく、子どもの被曝の健康影響や甲状腺がんのことは気になるため、個人的に探した民間の病院で甲状腺エコー検査を受診し、結果を残している人も多い。複数の病院で受診している人もいる。受診料は自己負担になるが、甲状腺エコー検査以外に、血液検査や尿検査などを行う人もいる。あるいは、各地で市民団体が集めた基金で行っている甲状腺エコー検査に参加する人も多数いる。

そういった県民健康調査以外での検査結果は、仮に甲状腺がんになったとしても、福島県の調査の統計には含まれない。このため事故後の甲状腺がんの発生数はさらに増える可能性もある。また県民健康調査以外でみつかった甲状腺がんの治療には、福島県が行っている治療費の全額支援は受けられないことになっている。


放射能汚染は福島県境でとどまったわけではない。しかし、福島県以外の地域では、国の費用による甲状腺検査が行われていない。

茨城県東海村、高萩市、北茨城市、大子町では無料での検査を独自予算で行い、千葉県松戸市、柏市、栃木県那須町、日光市、茨城県つくば市、龍ケ崎市、かすみがうら市、常総市、牛久市などでは、検査費用の一部を助成する仕組みを作っている。

このほか、市民が立ち上げた「関東子ども健康調査支援基金」では医師の協力を得て、関東の子どもたちの甲状腺検査を行っている。二〇一三年から二〇一五年の間に、茨城県、千葉県、栃木県、埼玉県、神奈川県の四九会場で行われ、四〇九九人の子どもが受診した。検査に対する関心の高さがうかがわれる。

# 第3章　夫——一人残されたとき

## 転々と

震災発生から三日後、二〇一一年三月一四日午前、郡山市に住む中山奈津子さん（当時三六歳・仮名）は実家の両親のことを心配していた。父と母は、いわき市に住んでいる。原発からも近い。このままでは危ないのではないか——。四歳の息子と一緒にかたずをのんでテレビを観ていた。一号機の建屋が爆発し、他の原子炉の状況も次々に悪化していく様子が報道されていた。

福島県内は電話回線がパンクしていてつながりにくく、何度目かの電話でようやく母につながった。「いますぐ、タクシーを手配するから、こっちに逃げてきて」。福島県外に住む中山さんの友人がタクシーをいわき市へと向かわせた。タクシーが到着すると、父は「飼い犬がいるから避難はしない」と言い張り、母だけがいわき市から郡山市に来ることになった。

しかし、母を待っている間に、タクシーの手配をしてくれた友人から「郡山市からも、逃げたほうがいい」というメールを受け取った。

「あなたの家にもすぐにタクシーを呼ぶから、逃げて」。今度は自分まで、タクシーを手配してもらうことになろうとは考えてもみなかった。ここは、福島原発から何キロ離れているだろう――。中山さんは慌てて調べてみる。約六〇キロ。中山さんにはそれが遠いのか近いのか分からない。

どうしたらいいか決めかねていたときに、三号機も爆発した。午前一一時のことだった。テレビでは「注水がうまくいけば、三号機の安全性は確保できる」と報道されていたが、誰がみても異常事態だった。中山さんはテレビ報道は信用できないと思いはじめ、母の到着を待ちながら自分たちの避難の準備を開始した。

いわき市から、母が到着した。しばらくして、友人が手配してくれたタクシーも到着した。タクシーでまさに出発しようとしたとき、隣に住む夫婦が二歳の子どもをかかえ、息を切らせて飛び込んできた。

「お願いです。私たちも一緒に乗せて行ってください」

中山さんと息子、中山さんの母親と、隣に住む親子の六人を乗せたタクシーは関東に向けて出発した。目指したのは、隣に住む夫婦の親戚がいる埼玉県だった。

高速道路は封鎖され、一般道は避難の車で渋滞していた。狭いタクシーの中で夜が更けていく。埼玉に到着したのは明け方だった。タクシー代は八万円。中山さんは埼玉県で隣家の親子と別れると、迎えに来てくれた義兄と東京の郊外に住む姉のマンションへと向かった。

姉の家には、三人の子どもがいた。3LDKのマンション。ほっと一息ついたものの、長居して姉に迷惑をかけることはできない。中山さんは広島の叔母のところへ避難することを決めた。広島の叔母の家は広い。福島県から一緒に避難をしていた母親もついてきてくれることになった。三月一九日に出発した。

広島の叔母は、空港まで迎えに来てくれた。そして、中山さんを一目見ると、涙を流した。大きなボストンバッグにコートを二枚重ねて着た中山さん。手をつながれた息子は、大きなリュックに衣類と食料を入れていた。叔母は「戦時中の疎開を思い出してしまったよ」とのちに中山さんに語った。その日から、中山さんは叔母の二世帯住宅で世話になることになった。

そのころ、郡山で仲の良かった母親たちも次々に避難していた。

「メールで「私、行くね」「私も避難するね」と報告し合って、みんな散りぢりになりました。顔を合わせることもなく、メールだけで「さよなら」。すごく、さみしかった」

広島での生活は心細かった。だが、息子は幼稚園に通わせてあげたい。準備期間は半月もなかったが、四月から幼稚園に入園させることにした。

しかし、手元には名前を書くペン一本すらない。紙袋も、色鉛筆も、アイロンも、入園式の服もなかった。どこに店があるのかも分からない。リュックを背負い、バスを二回乗り継いで、さらに延々と歩いて買い物に出かけ、必要なものをそろえた。

なんとか入園式に間に合い、幼稚園に通いはじめることができた。幼稚園は避難してきた中山さん親子を優しく迎えてくれた。

しかし、しばらくすると、息子に変化があらわれた。四歳の息子は、一日中泣き叫ぶようになった。真夜中に突然、「お父さんが死んじゃった」と言うようになった。遠く離れたところに住む父親に会えないことだけではなく、震災のショックが子どもの心を不安定にさせていたのだ。

さらに追い打ちをかけるように、ある日突然、中山さんの片方の耳が聞こえなくなってしまった。医者に行くと突発性難聴だと診断された。精神的なものだ。突然の環境の変化に慣れるのに、自分も必死だった。息子が泣き叫んでも、受け入れるどころか「うるさい！」と怒鳴ってしまうこともあった。

一緒に避難生活を続けていた中山さんの母親は、のちに、「あのころ、あなたが自分の子どもを殺さないか、心配で見張っていたのよ」と話した。中山さんは、追いつめられていた。

## 東京へ

精神的につらい避難生活が一カ月続いた。中山さんも息子も限界に近づいていた。しきりに「お父さんが死んじゃった」と言う息子を見て、父親と会える距離に転居したほうがよいと感じるようになり、再び東京の姉に一時的に身を寄せさせてもらえるようお願いをした。東京ならば、週末に父親と会わせられる。

二〇一一年五月、中山さんは東京へと戻った。一カ月半におよぶ広島での生活のなかで、自分たちを温かく受け入れてくれていた叔母の家族や幼稚園の先生、園児の保護者たちとの慌ただしい別れがつらく、すぐに息子の新しい幼稚園を探す気持ちになれなかった。しばらく、中山さんは息子と母親と、姉の家で生活することになった。

中山さんは「いつ郡山に帰れるだろう」といつも考えていた。しかし、「これなら安心して帰れる」という確信はなかった。むしろ、もう、戻れないのではないかという不安が募る。原発事故は短期間で解決するものではない。中山さんは時間の経過とともにそう感じだしていた。

郡山に住む夫との二重生活の負担を少しでも軽くするため、働くことを考えはじめた。だが、都内の保育園に空きはない。行政に何度も問い合わせをして分かったのは、避難指示のある地域からの避難者には無償での保育サービスがあるものの、自主避難者には何もないということだった。

中山さんは息子を公立の幼稚園に入れた。通いはじめた当初、息子は幼稚園でたくさんの人形がはいった箱を揺らし、地震遊びばかりしていた。それを見ていた先生は中山さんに「良かったですね。気持ちを出せるようになって」と話してくれた。中山さんが思っているよりも息子は地震の経験を消化しきれていないことに気づいた。

中山さんは、子どもの心の状態に心配りをしてくれる先生に感謝する一方で、極力、友人を作らなかった。息子に友だちは必要だが、自分には必要ない。お迎えのときに話しかけられても「ちょっと遠くから引っ越してきました」としか告げなかった。郡山での別れも、広島での別れもつらかった。またすぐに、ここからいなくなるかもしれなかったからだ。

息子の感情の起伏は依然として激しく、精神状態もあまりよくなかった。中山さんは姉の家を出て、落ち着いて生活ができる環境を整える必要があると感じていた。一緒に避難していた母も、いわき市の自宅に戻ることになった。

五月中旬から、中山さんは家探しをはじめた。当時、東京都では、災害救助法による住宅の借上げはまだはじまっていなかった。自費でアパートを借りようと思ったが、どんなに安くても八万円以上。高すぎて手が出なかった。ウィークリーマンションも探したが、子連れは駄目だと断られてしまった。

息子の様子を見ていると、再び転園することは考えられなかった。隣の市ならば家賃が少しだけ安く済みそうだったが、公立幼稚園で越境通園を認めてもらえるのかを、教育委員会に相談をしてみたが、「ルール上、それは許されない」と言われてしまった。

中山さんが途方に暮れていると、教育委員会の部長が、「探しますよ、家を」と思いもよらない言葉をかけてくれた。そして数日後、中山さんに電話がかかってきた。

「とても古いけれど、一部屋見つかりました。一緒に行ってみませんか」

中山さんは、すぐにそこに向かった。六畳一間の古いアパート。風呂はコンクリートの打ちっぱなしで、湯船は古すぎてはいれるものではなかった。台所も調理台がなくコンロだけで、最近ではほとんど見かけない木の雨戸がついていた。

しかし、息子を転園させずに避難を継続しようと思ったら、選択肢はこれしかない。中山さんはそう自分に言い聞かせ、そこに住むことを決めた。

引っ越しが決まると、必要最低限の、できるだけ安い家財道具をそろえた。幼稚園の副園長先生が、同情して冷蔵庫を譲ってくれた。大家さんも、カーテン、テレビ、テーブル、カセットコンロを用意してくれた。

六月、中山さんと息子の二人きりの生活がはじまった。いちばん困ったのはゴキブリだった。駆除剤を焚いたが、それでもゴキブリがわいた。お風呂にはいろうとすると、風呂桶にゴキブリが死んでいた。それもたびたびだった。

そんな生活が数週間ほどたったある日、「東京都でも借上住宅制度がはじまった」という知らせを聞いた。自主避難者でも、無償で公営住宅や民間賃貸住宅を借りることができる。

中山さんは、この部屋にそのまま住み続けてその制度を適用させ、借上住宅扱いにしてもらおうと思った。どんなに古くて不便な家でも、せっかく紹介してもらった家だ。大家さんにも親切にしてもらっていたので、引っ越す必要はないと思っていた。

しかし、東京都に申請すると、「新耐震基準を満たしていないので借上住宅にはなりません」

と言われてしまった。本来ならば、その後、都から耐震基準を満たす代わりの住宅を紹介してもらえる決まりになっていたが、連絡は来なかった。

いずれ冬になり寒くなる前に、自分で代わりの住宅を探そうと思ったが、都の決まりでは、新たに借りる場合は「エアコン、コンロ、照明器具、給湯器、カーテンが設置されていること」という条件も付いていた。

このときのことを思い返し、中山さんは言う。

「借上住宅の基準は本当に意地悪だと思いました。カーテンまでついていないといけない物件なんて。途方に暮れました」

都が入居可能と指定した公営住宅も、幼稚園へは通えない市外だった。結局、中山さんは市内の不動産屋を何軒もまわり、親切な不動産業者が特別に大家さんにかけあってくれた結果、条件に合う部屋を見つけることができた。

中山さんはその部屋に、二〇一一年夏に引っ越した。四畳と六畳の二間がふすまで仕切られた、相変わらず古いアパートだった。収納がほとんどなく、洗面所もない。食器棚もなく、収納は押し入れと天袋だけだった。

部屋に物があふれた。タンスもクローゼットもなく、カラーボックスとプラスチックケースに衣服を収納するしかない。ベッドを置いたら生活スペースはなくなってしまう。

「東京に住んでいる人たちは、こういうことに慣れているのだと思いますが……」と中山さんは話す。息子は「きれいなおうちに住みたいな」「福島のおうちに行きたいな」と言うようになった。何と答えればいいのか、そのたびに迷っていた。

郡山に戻ることも考えた。

一時帰省の際、放射線測定器を借りて自宅をはかると、当時、家の中でも毎時〇・二〜〇・七マイクロシーベルトあった。これは事故前の六〜二三倍ほどだ。放射性物質がたまりやすいとされる、雨どいの下では、事故前の一三三倍にあたる毎時四マイクロシーベルトほどあった。

なぜか東側だけが放射線量が高く、窓際に水を入れたペットボトルをたくさん並べてみた。そうすると放射線を遮蔽すると教えてもらったからだ。さらに、ホームセンターで石こうボードを買い、家の中の壁に張り付けた。当然、部屋は真っ暗になった。

レントゲン室用のカーテンのカタログまで取り寄せたこともあるが、カーテンレールに耐えられる重さではなかった。

庭の土も入れ替えたが、それでも自宅のリビングは毎時〇・三マイクロシーベルト（事故前の一〇倍)にしかならない。屋根も壁も、家中を雑巾で拭いても放射線量は下がらなかった。二階のほうが放射線量は高かったので、自宅にいるときには、一階に布団を運び、眠るようにした。

やはり、外で遊びたい盛りの子どもをここに戻すわけにはいかない。できることはすべてやってみたが、問題は解決しない。ならば、避難を継続するしかない。中山さんはそう考えた。

## 残された夫

夫は月に一度ほど、週末に東京の家に遊びに来た。自分がどんなに疲れていて、週末くらい外食で済ませたいなと思っていても、夫が来ればたくさんの手料理を作った。帰るときにはおかずを持たせた。普段できない分、できることをしてあげようと努力した。

子どもを毎日たった一人で育てている大変さから、せめて週末ぐらいは夫に子どもを見ていてもらい、家事や育児から解放されたいという気持ちもあったが、押し殺していた。夫に対して「避難させてもらっている」という後ろめたさ、罪悪感のようなものがあった。

「本当は、子どもを夫婦で一緒に守るのは当たり前なのに「避難させてくれて、ありがとう」

ってなってしまうんですよね……。全部、我慢してしまう。そういう母子避難のママは多いと思う」

中山さんはそう話す。こちらの生活で嫌なことがあっても、負担にならないように相談することなく我慢していた。夫もさみしいだろうが、夫の両親も孫に会えないことがさみしいだろうと思っていた。長期休みにはできる限り郡山市に帰り、親戚の集まりにも顔を出した。母子避難してからは、自分のための時間など、ほとんどなかった。

母子避難をさせた夫は、ひとり被災地に残り、生活している。それが、いつまで続くのか、誰にも分からない。さみしさだけではなく、家事もこなさなくてはならない。家族一緒に生活していたはずの自宅から毎朝一人で出勤し、誰もいない家に帰宅する。そして、また翌朝一人で出勤する。その繰り返しだ。自ら選んだ単身赴任であればまだしも、何の予告もなく原発事故によってはじまった災難ともいえる単身生活。長く続けたいと願うわけはない。

なかには「子どもを被曝から守るためだから、この苦労はお互いさまで、当然だ」と考える夫もいる。だが、そういった考えもしだいに「避難するほどではないのではないか」という思いに変化し、それによって妻や子どもをサポートする気持ちがだんだん希薄になることもある。

最終的には妻と子どもの母子避難に対し、否定的な気持ちを持つようになる。そして、それが原因で気持ちがすれ違い、離婚に至ったケースも少なくない。

母子避難をした母たちは、避難先で子どもだけではなく、残った夫のことにも気を配る。そして、慣れない避難生活、孤独な子育て、急な就労などに自分自身も疲弊しながら、この状態をいつまで続ければいいのか、思いあぐねる。かといって、避難元の放射能汚染がすべて消えたわけではない。子どもを汚染から遠ざけるためには、耐えるしかない。夫や周囲の深い理解がない限りは、彼女たち自身を支えるものは何一つないのだ。

ある日、中山さんは、母子避難について新聞の取材を受けた。福島県内にも配布される新聞社の記事だった。夫の両親はそれを読み、「大変よね。体壊さないでね」と気遣ってくれた。だが、しばらくたってから、郡山市の自宅に帰ると、中山さんが取材を受けた日の新聞のコピーが置いてあることに気がついた。何の気なしに見ると、自分の顔写真に赤いペンで大きく×印が書かれていた。ハッとして目を移すと、同じ赤ペンで文字が書かれている。「ふざけるな」「こんなこと書かせて」とあった。

血の気が引いた。夫の字ではない。自宅にあるということは、おそらく、夫の両親のどちらかだ。義母だろうか。寒気がした。てっきり避難を応援してくれているのだと思っていたのだ。夫の両親の本当の気持ちを知り、中山さんは大きなショックを受けた。

また、夫の様子もおかしくなった。

二〇一二年ごろから、週末に会いに来る回数が減っていった。子どもと遊ぶ約束をしていても、「仕事がはいった」と突然キャンセルし、会いに来ない日もあった。

避難をしてからなかなか旅行にも行けなかったので、思いきって北陸へ家族旅行に出かけた。そのときに、夫が見たことのないネックレスを身につけていた。中山さんがからかうように「ちょっと気持ち悪いんだけど」と言うと、「何か変か?」と機嫌よく答えた。

中山さんは、郡山市を出たときから、夫が浮気するのではないかと思っていた。友人とも「家に妻がいなければ、一〇〇%浮気するよね」と話したこともあった。それならそれで、外でしてくれればいいという覚悟もしていた。

二〇一三年の正月、中山さんは郡山の自宅に帰っていたが、夫は「大みそかから三日間、温泉に友だちと行く」と言い、出かけてしまった。また、昼夜を問わず、突然、「友だちと飲みに行く」と言って家をあけた。

服装もすっかり変わった。自宅の風呂場の子どものオモチャは撤去された。あたらしいシャンプーが増え、室内にかわいい雑貨や観葉植物も置かれた。

ある日、夫は「ちょっと出かける」と言って、出ていってしまった。忘れていった携帯電話を恐る恐るのぞいてみると、浮気の証拠が次々と出てきた。職場の女性との不倫だった。覚悟はしていたが、実際にその事実を突きつけられると、衝撃は大きかった。

中山さんはその日、高熱を出し、寝込んでしまう。知ってしまった事実に耐えられずに、予定をはやめて東京に帰った。帰ってからも、数日間、微熱が続いた。

誰に相談すべきか迷ったが、母に電話をした。母は、驚き、怒った。いちばん近くで中山さんの避難生活の苦労を見てきた母だ。「証拠をきちんとそろえなさい」。母の助言に対して中山さんは、そこまでしなくてもいいと思ったが、母は「泣き寝入りをしてはいけない。興信所に頼みなさい」と言った。中山さんは迷ったが、そのアドバイスに従うことにした。

体調が戻った中山さんは、夫に「話があるの」と電話をした。そのときは、改心してくれればいいと思っていた。直接的なことは何も言わずに、「親らしいことをしていない。ちゃんとして」と、普段は言わないことを、真剣に祈るように伝えた。

夫は「申しわけない。毎日、子どもに電話する」と電話口ですまなさそうに言った。

しかし、その電話すらも、不倫相手と過ごしていたときだったことを、後になって中山さんは知る。興信所の報告では、夫は自宅に相手を連れ込み、ほとんど一緒に暮らしていた。「仕事」と言って断っていた子どもとの約束も、嘘だった。自分ならまだしも、子どもとの約束をキャンセルしていることが中山さんはいちばん許せなかった。

ある日、中山さんは、夫に言った。

「あなた、人を家に入れているでしょう」

意を決して話したにもかかわらず、夫は認めなかった。

「俺を信じてくれないのか！」とすら言った。

たまりかねた中山さんは、泣きながら「死ぬ！　踏み切りに飛び込んで、死ぬ！」と言ってしまった。息子もその場にいたが、我慢ができなかった。

「生きていたらいいことがあるから、ママ。ね！　きっとあるから」

幼い息子が、中山さんのそばで、そう言っていた。

そんなことが起きたある日、東京に来ていた夫を駅まで送ったときに、突然車がパンクして

しまった。中山さんは途方に暮れたが、夫は、

「急ぐから行く」

と言い残し、中山さんと息子、パンクした車を置いて郡山へと戻っていった。

じつは、このときに急いでいた理由が、不倫相手と会うためだったということを興信所の報告書で知ることになる。報告書を眺めながら、中山さんは、たった一人でロードサービスの会社に電話をかけたことを思い出した。

「ああ、もうダメだ。夫は戻ってこない」

中山さんの中で離婚の決意が固まった瞬間だった。


「夫に「避難を終えて自宅に戻ってこい」と言われたくない」

そう話す母子避難の母親もいる。一番理解してほしい夫にこそ、それを言わせないように、母親たちは気を遣う。

静岡県に母子避難している井上麻季さん(四〇代・仮名)もその一人だった。避難をしてからは、夫に心配をかけまいと気を張って生活をしていた。できるだけ夫に頼らないようにすれば、避難生活に文句を言われることはないと思っていたのだ。しかし、井上さんの気遣いは裏目に

出てしまう。避難する前までは、夫に頼りきった生活をしていたため、夫は、その関係性の変化が気に入らなかったようだった。

当初、県外に母子で避難することに協力的だった夫が、しだいに「まだ帰ってこないのか」と言うようになる。その言葉には理由があった。夫は職場で「奥さんと子どもに出て行かれた」と噂されていたのだ。夫が気にしていたのは、世間体だった。

「私は、「歩く風評被害」と言われたこともあります。被曝を不安視しない人たちからは、そんな風に言われるんですよ。夫もそんな風に考えるようになったのかも」

井上さんはそう漏らす。協力していた夫も、「避難はただの我がままだ」とすら言うようになった。福島県内に住み続けている夫と井上さんは、被曝の危険性への考え方が少しずつ違っていった。

とうとう、夫が生活費を出し渋るようになってしまった。仕方なく、井上さんが進学塾の講師として働くことにした。「お金を出して」と言えば「ならば帰って来い」と言われてしまうだろう。それを言わせないためには、不足分は働いて補うしかなかった。

二〇一二年の秋のことだ。夫の浮気現場を、地元の友人が見てしまう。連絡を受け、井上さんはショックを受けたが、しばらく知らないふりを続けていた。

ある日、自分たちに会いに来た夫が寝ている枕元の携帯に表示された浮気相手からのＬＩＮＥのメッセージを偶然みてしまった。「早く帰ってきて」という、見知らぬ女性からの連絡だった。

井上さんがそれを問いただすと逆に夫が怒りだした。

「お前のせいだ」

母子避難をしたお前のせいで、俺のプライドは傷つけられた、と言った。知人は避難先から帰ってきているのに、なぜおまえはできないのか、とも言った。井上さんは黙るしかなかった。

井上さんは、婦人科系と肝臓、甲状腺の持病があったが、それらも、避難のストレスから悪化してしまった。円形脱毛症にもなった。

「自主避難の「自主」ってなんでしょう？」

井上さんはそう言った。誰も好きこのんで、今までの生活を壊したいなんて思っていなかった。家も仕事も学校も、家族も全部、持っていた。ここでずっと生きていくのだと思っていた。それを、全部捨てなくては、と思った。これまでの生活を守ることと交換に被曝がついてまわる、という選択がどうしてもできなかった。

放射線測定器を持って外に出れば、毎時〇・六マイクロシーベルト以上であることを知らせるアラームが鳴り続けるようなところで、子どもたちを毎朝学校に送り出していた。その後ろ姿をみて、泣くこともあった。「ここにいてもいいの？」と不安気に言った息子。なぜ、こんなことを言わせなくてはならないのか、と、その時にも涙が出た。

ちょっとマスクをしたり、上着を羽織ったり、その程度では子どもを守れないと感じ、井上さんが避難をしたのは二〇一一年の夏。掃除機をひとつだけ持ち、数日分の衣服だけをプラスチックケースに入れ、車に積んで避難をした。

それから四年以上がたった。夫は浮気を清算したようだが、井上さんは、すでに長い別居生活で夫婦として気持ちが通わなくなってしまったことを感じている。

「帰っても、もう私の居場所はない」と井上さんは言った。

［コラム］　放射能汚染の測定

**測定器**

「ホットスポットファインダー」（株式会社日本遮蔽技研）という放射線測定器がある。この測定器は、一秒ごとの空間線量率が測定できる高感度の放射線検出器を持ち歩くことで、街中の空間線量率を測り、内蔵GPSで地図化できるものだ。簡単に言えば、「一歩一歩、歩くごとの空間線量率が分かり、マップ化される機械」である。この測定器は、国の検定に基づいた信頼度の高い校正をおこなっている。また、環境省や福島県の実証実験で、評価を得ているものだ。

私は二〇一二年一二月、福島県郡山市でこの機械を初めて使った。当時、ボランティアとして関わっていた「こどもみらい測定所」（市民放射能測定室／国分寺市）に、この測定器を開発した企業が貸し出していた。それを借りて、福島県郡山市に住む根本淑栄さん（四〇代）とともに通学路を測定した。

根本さんとはそれ以後、現在に至るまで、雪の季節を除いて月に一〜二回のペースで子どもたちの遊ぶ場所や、通学路などを測定している。郡山市内の測定結果の推移を見ると、除染されていない場所でも、空間放射線量にウェザリング効果や自然減少(放射性崩壊)があることがわかる。二〇一五年一二月の測定では、測定開始当初の二〇一二年一二月より、全体的に半分ほどの数値に下がっている。

しかし、詳細に測定すれば、放射線量の高い所は存在していて、とくに局所的な汚染、いわゆる「ホットスポット」はいまだあちこちに点在する。

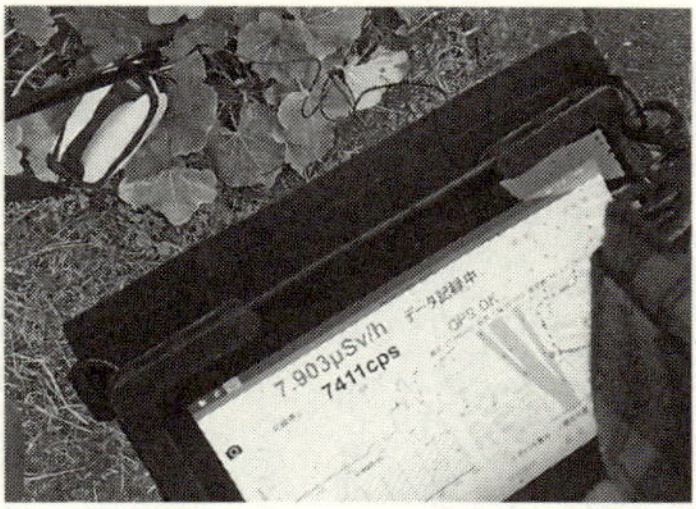

空間放射線量を測る

## 二〇一二年一二月

初めて郡山市を測定した二〇一二年一二月、向かったのは郡山市日和田地区の山際に建つ民家だった。ここに住む黒坂映子さん(六〇代・仮名)は原発事故以降、同居する小学生と幼稚園児、そして生まれたばかりの三人の孫への放射線の影響を気にしていた。測定当時は、黒坂さんの自宅には自治体による除染が回ってきていなかった。

黒坂さんは事故から三カ月間、自宅周辺の放射線量を知らないまま過ごしていた。二〇一一年六月、簡易放射線測定器を友人から借り測定したところ、事故前の数十倍から数百倍にあたるような放射線量の場所があちこちにあった。玄関では毎時二マイクロシーベルト(事故前の六六倍)を超えた。黒坂さんは孫たちを避難させたほうがいいのではないかと考えたが、末の孫は生まれたばかり。郡山市には、避難指示も出ていなかった。黒坂さんは、「生まれてから一度も郡山市を出て生活をしたことのない娘に、三人の子どもと避難しなさいとは強く言えなかった」と話していた。

最初に黒坂さんが「測定してほしい」と言ったのは、孫が幼稚園バスを待つ砂利の駐車場だった。毎朝、その場所で待ち時間を過ごす。放射線を感知するセンサーを膝の高さ(地表から約五〇センチ)にして測定すると、毎時〇・八マイクロシーベルトだった。

自宅裏の山の斜面に沿った擁壁《ようへき》(ブロック塀)の上は毎時一マイクロシーベルトを超えていた。自宅を囲む田んぼの畦道も毎時一マイクロシーベルトを超えている。室内の測定値は毎時〇・二〜〇・三マイクロシーベルトだった。

孫たちの通学路も心配だというので、学校までの道のりを測定しながら歩いた。アスファルトの上と土の上とでは、放射線量に倍以上の差があり、土のほうが高い。また、通行量の多い幹線道路と、少ない細い道路でも違いがあった。

半年後の二〇一三年六月、こどもみらい測定所の石丸偉丈さんとともに、再び黒坂さんの自宅を測定に訪れた。室内の放射線量は屋根の放射能汚染によるものではないかと推測し、屋根にのぼって測定をおこなった。しかし、屋根の上は室内と同程度の放射線量で、原因とは思えなかった。汚染の実態は、測定してみないと分からない。石丸さんは室内の放射線量について「裏山や田んぼなど三六〇度全方位からきているのかもしれない」と話した。

汚染の実態は測定しないと分からない

その後、黒坂さんの孫の通学路も再び測定した。半年前とそれほど変化はなかった。小学校のすぐ近くの細い道路で、道路のまん中と、端の放射線量を比べてみた。すると、道路のまん中のほうが、半分ほど低い。しかし、当然ながら子どもに車が通る道路で「まん中を歩きなさい」とは言えない。ほとんどの道路で、放射線量はまん中のほうが低いという傾向があった。

## 二〇一三年一〇月

根本淑栄さんは、学習塾の講師をしている。中学校の生徒から「(校外で)マラソンの練習がはじまった」と聞き、マラソンコースの放射線量が心配になった。学校内など、子どもたちが過ごす場所は、優先的に行政による除染がおこなわれていたが、マラソンコースは除染が終わっていなかった。

二〇一三年一〇月、中学生のマラソンコースを根本さんと石丸さんと一緒に測定した。コースは郡山市内の沼を囲む遊歩道だった。散歩をしていたお年寄りが、測定をしている私たちに、「どうだ、まだ(放射線量は)高いか」と声をかけてきた。

センサーを腰の高さで維持し、遊歩道を測定すると、毎時〇・三〜〇・四マイクロシーベルトだった。放射線量の数値に慣れてしまうと、ホットスポットと比べて「低い」と感じてしまうが、その数値すら事故前の約一〇倍にあたる。そして、センサーの位置を地表に近づければ近づけるほど、高くなる。

ある部分だけ、測定値が倍以上に上がった。そこは、舗装が他の場所と違い、「透水性舗装」と呼ばれるものだった。水はけをよくするための舗装で、わざと表面に凹凸をつけている。その隙間に放射性物質がはいり込み、とどまっていたようだ。透水性舗装の道路上では、毎時〇・六〜〇・七マイクロシーベルトだった。「道路が舗装されていれば土の上よりも放射線量は低い」というのは必ずしも当てはまらなかった。

環境省は当初、毎時〇・二三マイクロシーベルト以下にすることを除染の目標値としていた。これは年間の被曝線量を一ミリシーベルト以下にするために算出した数値だった。しかし、二〇一四年八月からは、これまでに測定されてきた個人線量計のデータなどをもとに、毎時〇・二三マイクロシーベルトまで下げなくても、毎時〇・三〜〇・六マイクロシーベルトなら年間一ミリシーベルト以内になるとし、事実上、除染の基準を緩めていた。

二〇一五年四月には、子どもの入学を直前にひかえた母親からの依頼で、郡山市の小学校の通学路を測定した。このときにも、透水性舗装の道路一帯が地表から一メートルの高さで毎時〇・七マイクロシーベルトと、高い数値を出していた。自宅を一歩出たところだったため、それまで知らずに過ごしていた母親はショックを受け、郡山市に電話をかけて相談した。子どもを学校に通わすためには、その歩道は毎日必ず通らなくてはならない。

「この一〇〇メートルだけでも、私が毎日おんぶして通わせたい」

母親は、そうつぶやいた。

**二〇一四年一一月**

二〇一四年秋ごろには郡山市の住宅除染も進み、さらに放射性物質の自然減少もあり、最初に測定をしたころよりは全体的な放射線量は半分ほどに下がってきていた。しかし、行政による通学路などの細かい道路除染は、本格的には開始されていなかった。また、風雨による放射性物質の移動により、たまりやすい場所で局所的に放射線量が高くなる傾向は、より顕著になった。

このころ、「来年入学する子どもの通学路を測定してほしい」という依頼が多く寄せられていた。ホットスポットファインダーはマップ化されたデータが作れるため、放射線量の高低が可視化される。そのマップを使って、子どもに放射線量の高い場所を教える母親もいた。また、測定中にビデオをまわし、それを子どもに見せて注意喚起する母親もいた。

二〇一四年一一月、郡山市のバイパス沿いの植え込みで、地表近くで毎時八マイクロシーベルトを計測した場所があった。センサーを地表一メートルに上げても、毎時二マイクロシーベルトを超えた。計測場所は坂道をくだりきったところで、雨で流された放射性物質がたまってしまったようだ。測定しながら歩いているからこそ見つかったものの、見た目にはごく普通の植え込みだ。局所的であるとはいえ、非常に高い放射能汚染だ。

「立入禁止」では分からない

一緒に測定した母親は、郡山市や福島県など数カ所に問い合わせ、その場所を国土交通省が管理していることを知った。母親は国土交通省の東北地方整備局にも電話をし、「何とかしてほしい」と訴えた。

数週間後、毎時八マイクロシーベルトあった場所は鉄のパイプで囲われ、除染がおこなわれた。その後、白い砂袋も積み上げられ、「立入禁止」の看板が掲げられた。

母親は、「「立入禁止」ではなく、「放射線量の高い場所」と周知させてほしかった。そのほうが分かりやすいし、みんな気をつけられる……。でも、何もしないよりはよかったのかな」とつぶやいていた。

**栃木県でも**

郡山市以外の場所でも、たびたび測定をおこなった。二〇一五年夏、福島県の南西に位置する栃木県の那須塩原市内の公園を測定した。緑豊かな広い公園で、観光地でもある。園内には、芝生の公園やアスレチック、ファミリープールやオートキャンプ場がある。

駐車場を測定すると、植え込み近くで毎時〇・五マイクロシーベルトを観測した。改めて放射能汚染が県境で止まったわけではないことを実感する。むしろ、福島県郡山市の除染ずみの植え込みのほうが低い。植え込み付近や、水たまりの乾いた場所などでセンサーを地表まで近づけると、毎時一マイクロシーベルトを超えた。

公園内は毎時〇・二〜〇・四マイクロシーベルトのところが多かったが、子どもの遊戯スペースの近くの水たまりで、地表約一〇センチで毎時一マイクロシーベルトを超えたところもあった。

那須塩原市は、「汚点状況重点調査地域」に指定されている（一三四頁参照）。そのため、調査測定を実施し、除染をおこなっている。環境省の除染情報サイトによると、測定当時の二〇一五年夏には、那須塩原市の学校・保育園などの八四％で除染が実施され、公園やスポーツ施設は、除染予定としてあげられた五〇七施設のうち、三五四施設が除染されていた。残りの一五三施設は、事前のモニタリングの結果により除染作業が必要ないと判断されていた。

栃木県の発表によれば、この公園は、二〇一三年六月から四カ月間かけて除染されているが、終了後も「ホットスポットの把握とその解消に努める」と文書には記されている。しかし、毎時一マイクロシーベルトを超える場所は点在していた。

**二〇一五年一〇月**

二〇一五年一〇月には、子育て中の母親の集まりに呼ばれ、福島県白河市で測定をおこなった。湖がある公園の近くの施設には、市内や周辺の自治体から、生後数カ月の赤ちゃんをかかえた母親たちが一〇人ほど集まっていた。

集まった母親のなかには、原発事故当時、独身だった人もいた。放射能汚染についてそれほど関心がなかったが、その後、結婚して子どもが生まれたため、「いま、ここで子育てしていても大丈夫なのか」という不安を持ち、参加したという。

公園は、すでに芝の刈り込みや表土の剝ぎ取りで除染がおこなわれていた。しかし、砂利の敷き詰められた施設の駐車場では、マツの木の近くで地表五〇センチの高さで毎時〇・六マイクロシーベルトの場所があった。湖の周辺を測定してみると、局所的に毎時一マイクロシーベルトの場所がある。傾斜があり、木の根元で、放射性物質がたまりやすい場所だ。

母親たちは、口ぐちに、除染の効果に対する疑問を語り合った。

なかには、「サポートさえあれば、これから子どもが小さい間だけでも避難したい」という母親もいた。また、放射線量の低い土地で一時的に過ごす「保養」の取り組みにも関心が高く、「そういった情報をもっと知りたい」と話していた。

# 第4章　作られていくしくみ

## ――被害の矮小化のはじまり

## 賠償指針

自主避難者には、東京電力から定期的に支払われる賠償は現在に至るまで一切ない。

世間では「すべての避難者に月一〇万円の精神的慰謝料がある」と誤解されることがあるが、それは誤りで、賠償があるのは、政府による避難指示があった一部の地域のみだ。

自主避難者への賠償はゼロだったわけではないが、その額は定額賠償という形で、二〇一二年に二度限りのわずかなものだった。

二〇一一年八月、「原子力損害賠償紛争審査会」(原賠審)から原発事故をめぐる賠償指針が発表された。

「東京電力株式会社福島第一、第二原子力発電所事故による原子力損害の範囲の判定等に関する中間指針」、いわゆる「中間指針」と呼ばれるもので、原発事故にともない「東京電力が賠償すべき損害」を示したものだ。

しかし、そこには自主避難者の賠償の枠組みは示されなかった。

自主避難者に対する賠償の議論は、原陪審で二〇一一年七月から数回に分けておこなわれた。「賠償をする」ということは、「被害を認める」ことである。自主避難者の賠償の枠組みを決めるというのは、自主避難者が「被害者」であるということを公的に認めることであり、その意味でも重要だった。

二〇一一年一〇月二〇日に開かれた原陪審は、自主避難中の当事者に意見を聞くという大切な会合だった。

避難指示区域以外の地域からの避難者、すなわち自主避難者への賠償についてヒアリングに応じたのは、妻子に母子避難をさせていたいわき市の渡辺淑彦さんと中手聖一さん、自身が北海道に避難していた宍戸隆子さんだった。三人とも四、五十代だ。

渡辺さんは、いわき市で弁護士をしており、避難指示区域から避難してきた人たちの相談にのる一方、自らの子どもたちを母子避難させていた。

「自主ではありません。怖くて逃げたんです」

渡辺さんは、三月一二日に一号機が爆発したとき、子どもたちにかっぱを着せ、ぬれマスクを二重にさせて、泣き叫ぶのをあやしながら東京の妻の実家に避難した。

「それが「自主避難」と言えるんでしょうか。私は非常に疑問を持っています」

渡辺さんは、そう言った。

当時、原賠審の委員のなかから「問題を二つに分けて考えるべきではないか」という声が上がっていた。一つは、「このままだと(被曝線量が)二〇ミリシーベルトになりそうだという(観測)値が出たときに避難した人」や「原発の爆発にびっくりして避難した人」。もう一つは「妊婦や乳幼児(放射線感受性の高い人)の健康への危険を考えて、予防的に避難した人」や「一ミリシーベルトから二〇ミリシーベルトの間で不安を感じて避難した人」だった。

前者は事故直後に避難した人を、後者は事故からしばらくたった後に避難した人を念頭に置いたものだった。そしてそこには、前者には賠償を認める、ないしは手厚くし、後者には賠償を制限する方向で議論したいという思惑が滲んでいた。前者と後者を分ける境目は、避難したのが二〇一一年四月の前半までか、それとも四月後半以降かだと、それまでの原賠審での議論などから推測された。

しかし、避難者を二つに分けたところで、どちらかだけが正しいわけではない。そのどちらにも正当性があると、ヒアリングに応じた自主避難者は主張していた。

渡辺さんのあとに発言した中手さんは、「(賠償の基準を避難した)日付でというときに違和感を持った」と言い、「(原発事故の被害は)ずっとつながっている」と訴えた。宍戸さんは「四月の半ばの前と後ろに何の差があるのか、私にはさっぱりわかりません。みんな、ほんとうに考えた末で自主避難を決定しています」と話した。

渡辺さんは、いわき市内の保育園の現状を引き合いに出し、時期によって避難の合理性を分けることのおかしさを主張した。

保育園では、子どもたちが野山にはいって、松ぼっくりやどんぐりに触れるような機会が奪われた。保育園の先生たちは「子どもたちを外に出せない」と悩んでいた。放射能のために子どもたちが自然から学ぶことを妨げられていた。

渡辺さんはこうした事実を紹介したうえで、「まさに自主避難という問題は、子どもが教育を受けるための権利を回復するために、仕方なく選択した」ものだと説明した。

いわき市に限らず、子どもが十分な教育を受ける権利を奪われた例は他の地域でもある。

例えば、郡山市や南相馬市では、子どもの外遊びを制限する「屋外活動三時間ルール」があった。

二〇一一年五月から、郡山市の小中学校の屋外活動は一日あたり授業一時間、課外活動二時

郡山市内の小学校の校門に掲げられた看板．除染前の毎時3.0マイクロシーベルトは，2011年に測定された．（2014年3月）

間と決められていた。さらに、〇歳から二歳の子どもは一五分、三歳から就学前の子どもは三〇分に制限され、二〇一二年四月に解除されるまで、それは続いた。

「これがほんとうに各被災者、原発の近くに住む者が、受忍限度ということで甘受しなければならない損害なのかと言われたら、僕は到底そうは思えません」

渡辺さんは、そう声を震わせた。

自主避難者たちは、避難の「正当性」や「合理性」を自身で説明しなければならない場面にたびたび立たされてきた。原発事故直後から現在に至るまで、問い続けられ、苦しめられ続けている大きな問題の一つだ。本来、東京電力によってまき散らされた放射性物質を不安に思うことは当然だ。しかし、年間二〇ミリシーベルト以下の地域は避難の必要がないとされたため、常にその「科学的根拠」や「正当性」を立証する責任が自主避難者に課され、その立場を理解してもらえない存在として、社会に投げ出されている。

これは自主避難者に限らず、いまなお事故前と同じ場所に住みながら、密かに子どもの被曝を心配している親たちも同じだ。「復興」という一見希望に満ちた言葉の裏で、子どもの被曝に対する不安をかかえつつも、それを言葉にしないまま、ひっそりと耐えているのだ。

ある母親は通学路や子どもの遊ぶ場所の放射線測定をしながら、いかに被曝を避けるかを考え続け、また、ある別の母親は、子どもに外遊びを制限し、震災後に作られたいくつかの室内遊び場を日を変えて転々としている。長期休みのたびに全国各地で民間団体が行っている「保養」に子どもを参加させている親や、週末になると県外に連れ出している親もいる。

まき散らされた放射性物質や、それに接する可能性がある子どもの健康影響を、「合理的に怖がれ」というのは、当事者にとっては理不尽きわまりない。怖さというのは本来、合理的に解明できないものに感じるものだ。子どもが長期間にわたって低線量被曝にさらされたとき、後にどのような影響が出るのか、あるいは出ないのか、専門的な知見があるとしても、それは結論ではなく、科学と研究の進歩にともなう現時点での暫定的な見方でしかないのだ。中手さんはこう言った。

「専門家でさえ正しい答えを出せないものを、親である我々が答えを出さなければいけないということなのです。立派な学説を勉強すればするほど、どちらが正しいとも言えないというのはわかってまいります。しかし、親として、例えば、避難をするのか、あるいは、それを思いとどまるのかを判断しなければならない。人生の中で、こんな今までで一番大きいような決断をしなければならない」

このような議論を経て、原賠審は二〇一一年一二月に中間指針の「追補《ついほ》」を決定。それを受けて東京電力は、二〇一二年二月二八日と同年一二月五日に「自主的避難等対象区域」に指定された地域の住民に対する損害の賠償を発表した。

賠償額は、自主避難者の場合、一八歳以下の子どもと妊婦は一人につき六八万円、大人は一人につき一二万円が基本。その後、わずかな追加賠償があったが、それでも四人家族（夫婦と子ども二人）の世帯の総額は一六〇万円程度だ。

「自主的避難等対象区域」とされる地域の人々に支払われたその額は、避難交通費、引っ越し費用、二重生活などの生活費増加分、子どもを県外に連れ出す費用、除染費用などの実費や、実際に被った精神的被害を鑑みてもごくわずかであり、原発事故さえなければ必要のなかった負担をカバーするにはとうてい足りないものだった。

## 賠償を元手に

それでもこの賠償を元手に避難したという人もいる。新潟県に避難した磯貝潤子さん(四〇代)だ。

磯貝さんが避難を決意したのは、二〇一二年三月。一年間、郡山市に住み続けた。その間、できることは何でもやった。PTAの役員をしていたこともあり、学校の除染も率先しておこなった。子どもたちにもマスクをさせ、「気にしながら、ちゃんと住んでいく」ということで納得しようとしていた。

磯貝さんは、こう思い返している。

「二〇一一年の三月一五日にも、窓の外をみながら、想像していたんです。この雨にあたったら、どうなってしまうのかな、においも色もなくて、この雨と一緒にいま、放射能は降っているのかな、って。換気扇も止めて窓も開けませんでした。でも、何度も、窓の外を覗いていました」

磯貝さんの娘たちは、サッカーが大好きな元気な子どもたちだった。毎週練習に励み、磯貝さんも二人の娘の試合の応援を楽しみにしていた。

しかし、娘たちは、原発事故以降、よく鼻血を出すようになった。

「例えばね、放射性物質に赤い色がついていたとして、赤い粉がどんどん流れているのが見えて、本当に掃除ができるんだったら、掃除をしてから「外に出ていいよ」ってなるけれど、見えないでしょう。におわないでしょう。例えば、三カ月だけ、家の中で生活しなさい、外で遊んではダメ、っていうのは何とか我慢できるじゃないですか。それが半年になって、一年近くなって……「ずっとこのまま?」と思っちゃったんです。いわゆる「緊急時」の我慢をいつまでさせればいいの? とずっと悩んで……」

磯貝さんの子どもたちは、三時間ルールを経験している。学校の課外活動も、放課後の生活も制限だらけの毎日。元気に外遊びをするはずの子どもの生活は一変した。避難を決めるまでの一年間、避難したほうがいいのか、それともとどまるべきか、文字どおり「毎日」悩んだ。

磯貝さんは「住み続けている人の取材をして記事にしたい」という新聞社からの依頼があれば、「私はそういう役割だ」と思い、引き受けた。本当は、被曝の不安に対して口を閉ざさないと住んでいけない土地なのではないか、と思いながら、「私が頑張って伝えよう」と思っていた。

「でも、あるとき、ふと気づいたの。それって私はいいけど、私の子どもにはダメじゃない？って。徐々に子どもが鼻血を出すことにも慣れてしまっていて。変に冷静になってしまっていた。「私がやります」っていう正義感も、「もうどうでもいい」と思ったの。戦うところが違う、と思った。結局は何をしても、もうだめだ、と思って避難を決めたんだけど」

磯貝さんは二〇一二年三月に避難を決めた。しかし、避難を決めても、迷っていた。本当は、避難したくはなかった。自分の夢をかなえて就いた、アパレル関係の仕事も順調だった。自宅には、お金を貯めて一つひとつ買い集めたお気に入りの家具があった。何より、二〇年ほど住んだ郡山には、たくさんの大切な友人がいた。「私だけが被曝を気にしているわけではないのに、私だけ避難するの？」といううしろめたさもあった。

もともと家計に余裕があるわけではなかった。家のローンもある。避難をするために必要なものは、二〇一二年三月に支払われた「自主避難等対象地域」への賠償で用意した。比較的安価な大型家具店に行き、あえて新しく必要な家具をそろえた。本当は避難したくないけれど、楽しんでいるようにしないと、愛着のある土地からは避難できなかった。

新潟県で借上住宅を借りるときにも、制限の範囲内で、できる限り広い部屋を探した。郡山市に住み続ける友人たちが、遊びに来られるように、と思ったからだった。しかし、避難をしてからはお互いに疎遠になり、結局、その部屋に友人たちが泊まりにくることはなかった。

磯貝さんのように、緊急時に避難をしたのではなく、十分に情報を得たうえで避難を決めた自主避難者は数多くいる。自主避難者の賠償を決める原陪審で宍戸隆子さんが訴えたとおり、「ほんとうに考えた末で自主避難を決定して」いた。

それは、復興庁が公表している避難者数の推移をみても明らかだ。全体では二〇一二年にかけて避難者は増加している。最も多いのは二〇一二年四月であるが、それは子どもの学校を考えて年度替わりに避難をした人が多いことを物語っている。磯貝さんも、その一人だった。

## 子ども・被災者支援法

二〇一二年六月二一日、新しい法律、「原発事故子ども・被災者支援法」が衆議院本会議で可決され、成立した。法律の正式名称が、その目的を示している。「東京電力原子力事故により被災した子どもをはじめとする住民等の生活を守り支えるための被災者の生活支援等に関する施策の推進に関する法律」だ。

この法律は、「放射性物質による放射線が人の健康に及ぼす危険について科学的に十分に解明されていない」という前提に立っている。そのうえで、被災者一人ひとりが被曝をできるだけ避けながら「支援対象地域」とされる地域での居住、避難、帰還を自らの意思によっておこなうことができるよう支援するということを定めていた。自己決定を保障する、自主避難者にとって重要な法律だった。

これまで、自主避難者の生活は「自己責任」とされ、住宅の提供以外に政府のサポートはほとんどなかった。この法律によって、自主避難者、母子避難者が負担するさまざまな生活の苦労は軽減されるのではないかと期待された。法律の第九条には、支援対象地域からの移動支援、移動先の住宅確保・就業支援、避難した子どもの学習支援などが国の責任において講じられることが示されている。

だが、この法律の成立後、自主避難している母親たちにこの法律の話をしてみたが、ほとんどその存在を知る人はいなかった。

少し考えてみれば、当然のことだった。母子避難者の多くはたった一人での子育てで、避難生活にようやく慣れたか慣れないかというころだった。経済的な負担を軽くするために働いている人も多く、法律に関する報道もそれほど大きくなかった。

そもそも、経済的に削れるものは削るという生活のなかで、パソコンを持っている人も少なく、新聞を取っている人もほとんどいない。それまで、ごく普通に送っていた日常生活が壊され、それを立て直す手助けもない場所で生きている人たちが、「知る」時間を作ることは困難だった。

たとえ法律の存在が知られなくとも、実際に具体的な施策が決まって実行に移されていけば、人々に周知されるのだろうとも考えていた。しかし、いっこうに具体的な施策は示されなかった。

福島県の南に隣接する茨城県へ避難した人たちへのアンケートによれば、法律成立後二年が経過してもなお、子ども・被災者支援法の認知度は、子どもがいる世帯で「知っている」が一六％(二七一世帯中二七世帯)、「知らない」が八四％(同一四三世帯)を占めていた(二〇一四年度震災および放射能災害からの復興支援に関する茨城大学調査研究プロジェクト　原口弥生)。

子ども・被災者支援法では、どの地域に住んでいた人たちが「支援対象」とされるのかは条文のなかでは定められていなかった。「支援対象地域」は政府が策定する「基本方針」に委ねられることになっていた。

しかし法律が成立してから半年が過ぎても、そして、一年過ぎても肝心の基本方針は示されなかった。自主避難者の生活を救うための法律は、政府により放置され続けた。

法律が成立した二カ月後の二〇一二年八月に、埼玉県に避難をしている人たちへの情報誌『福玉《ふくたま》便り』にこの法律についての記事を掲載したが、読者からの反応は乏しいものだった。

それでも、この法律について知らなくてははじまらない。半年後の二〇一三年二月、全国各地で開催されていた子ども・被災者支援法のセミナーが埼玉県でも開催された。セミナーでは、法律の成立にも深く関わっていた「福島の子どもたちを守る法律家ネットワーク」(SAFLAN《サフラン》)の尾谷恒治弁護士が、会場に集まった四〇人ほどの参加者に、法律の意義を解説した。「賠償」とはそもそも事後的なものであり、二重生活の負担は「今すぐ」に軽減されなくてはならないこと説明し、それを実現する可能性があるのが、子ども・被災者支援法であることを強調した。

政府による基本方針が決まらず、放置されたままの状況が続いていたなか、福岡市や久留米市など複数の自治体の議会からは「支援法を具体的に生かしてほしい」という意見書・要望書が復興庁に出されていた。尾谷弁護士はこうした動きを紹介した。意見書や要望書は自治体の議会が提出したものだが、多くの自主避難者がそれぞれの避難先で自主的に動いて実現させたものだった。

こうした意見書・要望書提出の動きは全国に広がっていった。各地で子どもを守りたいと願う母親たちが「意見書・要望書を復興庁に届けてほしい」と地域の議員に働きかけ、実現させていったのだ。二〇一三年一二月の時点では、全国各地から一九〇の意見書が提出されていた。

## 「住民票」という問題

自主避難者が直面する問題は多くあるが、そのひとつに「住民票」がある。

いわき市から埼玉県の借上住宅に母子避難していた鈴木直子さん(当時三七歳)は、避難者が集まる交流会では、いつも明るく頼りになる存在で、笑顔の絶えない人だった。つらい胸の内を話しながらも、周囲の人の励まし役になることが多かった。

だが、そんな鈴木さんでも、悔しくて泣いたことが一度だけあったという。それは、クレジットカードを作ろうと思ったときだった。

「自分を証明するものが何もない。私は誰? と思ったの。何も悪いことをしていないのに、なんでこんなに悔しい思いをするんだろう、って」

鈴木さんの免許証はいわき市の住所で、埼玉県の住所を証明するものがなかった。いわき市は避難者に対して「届出避難場所証明書」を発行しており、市長の押印もある。鈴木さんはそれを持参したが、カード会社の窓口の社員は「そういうものは聞いていない。公的なものではない」とにべもなかった。

「私のアイデンティティーはどこにあるんだろう、私はいったい、どこの誰なんだろうと思ったら、すごく悲しかった」

窓口の社員とは口論になり、悔しさで涙が止まらなくなったという。

その一方で、鈴木さんは、すぐに住民票を移す気にもなれなかった。

避難当初、福島のナンバープレートをつけていると車にいたずらされる事件が相次ぎ、すぐに車のナンバーを変更したが、いわき市に帰省するときに罪悪感をいだいた。

いわき市に住み続けている友人から「ナンバーを変えたの？」と言われる前に、自分から「いたずらされるって聞いたから、ナンバーを変えたの。でも、住民票はいわき市のままだよ」と、「私は故郷を忘れていない」ことを強調した。

「故郷を裏切った」と思われたくなかった。だが何気ない会話のなかで、「おまえは逃げたやつだもんな」と言われて傷ついたこともあった。逃げたくて逃げたわけではない。先祖代々福島県で暮らしてきた鈴木さんにも、人との繋がりや、土地への愛着があった。

住民票を移動しない自主避難者は多い。その理由は鈴木さんのように、「福島県民でありたい」という故郷への愛着があるからだけではない。福島県民であれば受けられる行政サービスを受けられなくなってしまうことを恐れているのだ。

例えば、二〇一二年一〇月から、福島県は県内全市町村で、一八歳以下の県民の医療費を無料化した。あるいは、県内の市町村では、震災後から、無料で放射線測定器や個人積算線量計の貸し出しサービスをおこなっている。

避難先では子どもの医療費無料化は自治体ごとに異なるため、一八歳まで受けられないケースも多い。しかし、福島県民であれば、申請すれば医療費の還付を受けられる。

また、帰省したときに自宅周辺の放射線量の測定をしたい場合、住民票がないことによって測定器や線量計を行政に借りられないといったことも危惧している。

住民票について話しているときに、鈴木さんは福島への思いをこう語った。

「福島から離れてみて、「ああ、こんなに郷土愛があったんだ」って気がついたの。住んでいたころより、福島のことを考えている。でも、放射能汚染と子どものことを考えたら、いられないと思ったから避難している。本当は、福島を出たくて出たわけじゃない。葛藤だよね。自分の居場所はどこだろうって」

## 閉ざされた新たな自主避難

子ども・被災者支援法が制定された二〇一二年の年末、自主避難をめぐる問題で、重大な決定が下された。福島県は、県外へ避難する人に提供する借上住宅について、新たな受付はしないと発表したのだ。

二〇一二年一二月二八日以降、「これから自主避難したい」という人への住宅提供はなくなった。自主避難者にとって唯一の経済支援ともいえる住宅無償提供がなくなれば、避難ができる人は当然減る。事実上、自主避難の道は、そのとき閉ざされたといってもいい。

じつは発表の約一年前、事故からわずか八カ月の二〇一一年一一月に、福島県は一度、被災者を受け入れている各都道府県に対して、二〇一一年一二月末で借上住宅の新規受付を終了するよう連絡していた。しかし、被災者支援団体などから延長を求める要望・意見が多数寄せられたため、撤回し、継続していた。

災害救助法を所管していた厚生労働省と福島県は、自主避難者への借上住宅の新規受付をどのタイミングで打ち切るか、協議していた。二〇一一年一一月から約一年にわたる福島県の協議記録が残っている。そこには、国や県の考えが端的に示されている。

郡山市湖南町の集会所で原発事故後の子育てについて話し合う母親たち．（2014 年 1 月．福島県郡山市）

二〇一一年一一月末の協議では、厚労省が「なぜ震災から一年以上経過した時期まで、(借上住宅の)受付をしなければならないのか」「年内(二〇一一年内)いっぱいで受付を閉めるようにしてほしい。特に新規受付については完全に閉めてほしい」と要請している。

「福島県外への人口流出を防ぐために、借上住宅の新規受け入れを打ち切れ」としきりに言っているのは厚労省だった。それに対し、福島県は「年度替わりに自主避難しようとする人も多いのではないか」「代替の支援策がない」「終期を打ち出せる状況にはない」と反論している。おそらく、二〇一一年一一月の各自治体への連絡に対する反発を受け、慎重になっていたのだろう。

しかし、厚労省は引かない。「復興庁サイドから「福島県民の福島県への帰還を促進しなければならないのに、厚生労働省は何をやっているのだ。福島県に任せるのでなく厚生労働省が泥をかぶってやれ」と言われている」とも発言している。二〇一二年八月の協議だ。

二〇一二年五月に福島市がおこなった「放射能に関する市民意識調査」によれば、調査回答者三〇二二人のうち、「できれば避難したい」と「いまも思っている」人が九八二人(三二%)にのぼっていた。

当時、郡山市内で子どもたちの被曝低減活動をおこなっていた根本淑栄さんはこう話す。

「そのころ、「これから避難したい」という人はまだいました。二〇一三年の三月末を狙っていた人も、私の周りにいましたよ。二〇一一年、二〇一二年と、情報は錯綜していたし、徐々に明らかになっていく放射線量に少しずつ不安を感じるようになって、「次の年度替わり(二〇一三年三月)で避難しよう」と思っていた人もいた。そういう人にとっては、借上住宅の新規受け入れの打ち切りは、避難のあきらめにつながった」

国は、借上住宅の新規受付の打ち切りの情報すら、出し渋った。記録によれば、厚労省の担当者は協議の中でこう発言している。

「国としては(借上住宅の新規受付の打ち切りを)周知するつもりはない。周知期間をとれば(借上住宅の)駆け込み需要も増え、自主避難を促す結果となり、また復興庁から怒られてしまう」

こっそり打ち切っておけば、避難を希望した人だけが失望し、社会に問われることはない。

避難者の数は、協議中の二〇一二年四月にピークとなっていた。福島県は当初、「まだ自主避難したい人もいる」と主張していたが、協議を重ねるにつれ、二〇一二年夏ごろからは徐々に「県外流出を避け、県内への帰還を促す」、つまり、県外自主避難者への借上住宅新規受付を終了させたいという方向に舵を切っていった。

こうして、二〇一二年一二月二八日に県外での借上住宅の新規受け入れを終了する一方、県内での借上住宅の新規受け入れは継続をするという、住民の県外流出を防ぐ施策が固まっていった。

自主避難者のサポートについては、省庁間で一貫して〝責任の押し付け合い〟がおこなわれたといえる。この一連の協議のなかでも、厚労省は「発災から一年以上経過したのだから災害救助法(主管が厚労省)ではなく、子ども・被災者支援法(復興庁)で検討すべき」と言い、その復興庁は「子ども・被災者支援法の実現には時間を要する」ため、「東電へ損害賠償を」と求めていた。それに対して東電の監督官庁の経済産業省は「東京電力の賠償で自主避難者への家賃負担を支払うことは困難である」と返答し、どこも責任を引き受けようとはしなかった。

一方で当事者にあたる福島県は、県としてできない「国の枠組み」であると言い、住民に一番近いはずの福島県内の市町村は「県でやればいい」と協議の席で言い放っていた。被災者の避難先の自治体の多くは、「福島県が決めること」と言い、被災者が問い合わせても「福島県に聞いてほしい」と対応していた。たらい回しである。

協議記録には「復興庁に怒られる」（厚労省）や、「厚生労働省との信頼関係がなくなる」（福島県）という発言が散見される。一体、誰のための施策を話し合っているのか。具体的な救済施策を待ち続ける住民は、置き去りにされたままだった。

［コラム］
## 分離世帯

原発事故による避難をきっかけに、世帯が分離してしまったケースは多い。福島県はもともと三世代同居も多かった。二〇一〇年の国勢調査によれば、人口一〇〇人あたりの三世代家族数は、四七都道府県で六位。また、一世帯あたりの人員も、七位だった。

世帯が分離してしまう最も多いケースは、老夫婦世代と子育て世代の分離だ。しかし、親子で分離せざるを得なかったという世帯もある。川崎美加さん(四〇代・仮名)は、長女(当時一五歳)を福島県福島市に残し、長男(当時一二歳)、次男(当時一〇歳)、次女(当時五歳)を連れて京都へ避難した。

川崎さんが避難をしたのは、二〇一二年一月のことだ。夫は当時単身赴任中で、夫の両親と、子ども四人と福島市で暮らしていた。原発事故当時、川崎さんは被曝線量の計算をするために、常に放射線測定器と電卓を持ち歩いていた。

自主避難者は、「避難したくて避難した人」と言われるが、川崎さんは「そうではない」と言う。

「家にいたいですよ。だって、自分の家だもん。すぱっとふんぎりなんて、つけられないですよ。もし、私が放射能汚染のことをまったく知らなければ、避難しなかったかもしれない。だって、避難したくなかったんです。避難しなきゃいけない、と思っただけで」

二〇一一年の事故直後は、自宅の中でも、毎時〇・六マイクロシーベルト(平時のおよそ二〇倍)あり、外に出れば、毎時二マイクロシーベルト(平時のおよそ六六倍)が普通にあった。その数値が何をあらわしているのか、さっぱり分からなかったが、一般公衆の被曝限度が年間一ミリシーベルトと法律で定められていることは知っていた。計算すると、年間一ミリシーベルトなど、はるかに超えていた。「これは法律違反だ」と思った。

校庭の使用目安が年間二〇ミリシーベルトに引き上げられたときも、「ひどすぎる」

と思った。それまでの法律は何だったのか。裏切られたような思いだった。そこから放射線に関する知識を学び始め、職場の同僚や友人にも「今、行われていることは、おかしい」と話をした。自分だけが知っていて、他の人が知らないというのは、平等ではないと思ったからだ。全員が放射能汚染の事実を知らなくてはならないと思い、会う人会う人に、そのおかしさを伝えていた。そして、国から避難指示が出されるべきだと、思い続けていた。

「私が話すことを、真面目に聞いてくれた人もいたけれど、何を言ってるんだ、と思った人もいたかもしれないですね」

と川崎さんは言う。

避難指示は一向に出る気配はなく、「大丈夫ですよ」と説明する専門家の講演会があちこちで始まった。講演会に出かけては、おかしい、と思い続けていた。そう思いながらも、実際に自分が避難をするということまでは、考えられなかった。そんなに簡単な問題ではなかった。

きっかけは、二〇一一年の秋に、家族がマイコプラズマ肺炎に感染したことだった。

みな、なかなか治らず、しぶとかった。仕事も休んでいたため、時間があった。その時間を使って、避難できる住居を探した。京都府に避難者を受け入れる住宅があると、すでに避難をしていた友人が教えてくれたため、子どもたちの学校の冬休みを待って、京都に避難することを決めた。

同居していた母親はもともと孫たちの被曝を心配してくれていた。「受け入れてくれるところがあるんなら、行っておいで」と背中を押してくれたのも、母だった。

子どもを連れて、五人で京都に母子避難するつもりでいた。避難を決めたのは二〇一一年の年末で、中学三年生だった長女の高校受験を控えた時期でもあり、焦りもあった。一二月初旬には、長女と二人で京都へ借上住宅のカギを預かりに行き、周辺の高校も探した。しかし、福島に戻ると、長女は「やっぱり福島の高校に通いたい」と言った。

一緒に連れて行きたかったが、長女の気持ちを尊重することにした。自我が出てくる時期でもある。子どもには子どもの条件があるだろう。長女が、簡単に決めているのではないことは、川崎さんもよくわかった。離れ離れになることを十分理解したうえで、決断していると感じた。

「当時は、ものすごく悩みました。でも、尊重しなくてはならない、とも思いました。幸い、同居している母親もいたし、自分の実母にも「娘のこと、お願いね」と頼み、私と、子ども三人で避難することにしたんです」

下の子どもたちの冬休みを境に、避難生活がはじまった。しばらくしたある日、些細なことで福島に残る長女と口論になり「もうほうっといて」と言われてしまう。電話だけのコミュニケーションでは、喧嘩を解消するのも難しかった。母親に長女のフォローをお願いしたが、それから半年ほど会話すらなかった。反抗期でもある。受け止めるしかないと思った。

お互いに、言葉で表現することができない時期だった、と川崎さんは思い返す。長女にとって、考える時期なのかもしれない。自分から無理やり連絡をすることは控えた。その一方で、一人で残る生活を我慢させてしまったのかもしれないと思い、悩み続けた。

お互いの気持ちを言い合えるようになったきっかけは、川崎さんが「部活の夏合宿を京都でやらない？」と長女に持ちかけたことだった。合宿を計画するうちに、しだいに打ち解けていった。その合宿があったからこそ、今では、京都の避難先に一人で遊びに来て数泊していくようにもなったのだと思う、と川崎さんは話す。

しかし、気丈にふるまっていた長女も本当はつらかったのかもしれない、と川崎さんはあるエピソードを語ってくれた。

川崎さんと子どもたちは、正月や長期休みには毎年、福島県に帰っている。避難から一年目の正月が終わり、京都へと戻る朝、普段は朝寝坊する長女が、玄関先まで見送ってくれた。本当は、「ちょっと行ってくる」と軽い別れにして、バスに乗るつもりだった。

笑顔で別れたあと、母から電話がかかった。

「声出して泣いてるから、どうしていいか分かんねんだ」

長女が、家に帰り、部屋で泣いていたのだ。弟や妹たちの被曝を避けるための避難であることを理解しつつ、一人残るさみしさがあったのだろう。何もなければ、一緒にいられる家族だ。

いまや大学生になった長女は、大学の授業レポートの題材として「原発避難」を取り上げ、一時帰省のときに川崎さんに質問をしてくるようになった。「避難したとき、どうだった？」「裁判はどういうものなの？」「借上住宅の打ち切りってなに？」川崎さんは一つひとつ、丁寧に答える。

「長女は、避難のことを客観的に捉えることで、整理しているのかもしれません。私の考えも理解してくれているのかな」


借上住宅の打ち切りが迫るなか、自宅へ帰るしかない、と川崎さんは思い始めている。近所の人からも「早く帰ってこい」と言われている。しかし、京都でも、いろいろな人に支えられてきている手前、なかなか「帰ります」ということを伝えにくい。長女は大学生になると同時に、大学の近くでアパート暮らしをはじめた。自宅には単身赴任先から帰ってきた夫もいるが、日中は年老いた両親だけになる。「部屋が静かで活気がないし、母も痩せてしまった」と川崎さんは話す。

一番下の次女はまだ一〇歳。本当は被曝のことを考えると、避難させ続けたい気持ちもある。子どもの年齢が違うことの大変さを感じている。

「一年がたつのは早いですよね。来年、借上住宅を出ていくなら、出ていく段取りをしていかなくてはならない時期かもしれません。もう、次のことも考えなくてはならないんですよね」

今度は息子が京都で一人暮らしになるのかもしれないと、川崎さんは言った。

# 第５章　なぜ避難者支援が不十分なのか

## 法律の基本方針

子ども・被災者支援法の基本方針は、法律の成立から一年が過ぎても発表されなかった。つまり、法律ができていたにもかかわらず、具体的な施策は何一つ講じられていなかったということだ。

いわき市から埼玉県に避難し、築四〇年の雇用促進住宅で生活していた尾川亜子さんと、住民票がないためにクレジットカードすら作れず悔しい思いをしていた鈴木直子さんは、二人とも二〇一三年二月に埼玉県で催された子ども・被災者支援法のセミナーを受けていた。

二人はそれまでも避難者交流会に参加しており、同じいわき市からの避難で、子どもたちの年齢も近いことから仲良くなっていた。

セミナーで学んだ二人は、法律の基本方針を定めるよう求める意見書を、避難している自治体の議会から政府に提出させるために、請願を出すことを決めた。

当時、尾川さんと鈴木さんが避難していた川越市の議員だった高梨淑子さん（当時六九歳）は、鈴木さんの避難先の近くに住んでいた。避難当初から鈴木さんと関わり、生活の相談にものっていた。鈴木さんは、この法律が自分たちを救うためのものであること、また、これから避難したい人や、被曝を避けたいと願っている母親たちを救うことになること、しかし、現状ではそれが放置されていることなどを高梨さんに説明した。

説明を受けた高梨さんは、「どの会派であっても、女性なら必ず分かってくれる」と感じ、市議会のすべての会派の女性議員を口説いてまわった。

避難者交流会．自己紹介からはじまり，それぞれの話を聞き合う．（2014 年 10 月．埼玉県川越市）

高梨さんははやくに夫を亡くし、子どもを一人で育て上げていた。母子避難者の境遇と苦労を理解していた。

すべての女性議員に高梨さんはこの法律の趣旨を説明し、意見書に名を連ねる約束を取りつけた。また、母親たちに意見書の書き方を教えると、鈴木さん、尾川さんとともに、各会派の部屋を訪れて説明した。

ある会派の部屋では「頑張ってね」と握手を求められ、また、別の会派では、「いま忙しいんだよ」と言わんばかりに手を振ってあしらわれた。どの経験も初めてだった。二人は、幼稚園に子どもを迎えに行く時間を気にしながら、時には子どもたちも連れながら、市議会の議員控室に何度も出向いた。

意見書には全会派の女性議員が紹介議員として名を連ねることとなり、市議会の本会議ではすんなりと採択された。採択されたあと、役所の駐車場で鈴木さんと尾川さんは感想をこう話した。

「これまで、自分が政治に関わることもなかったし、自治体に請願をするなんて、想像したこともなかった」

「意見は、届けないと何も実現しないんだね。やってみるものだね」

全国の自治体でこうした意見書の提出を目指す動きが活発になるなか、二〇一三年三月一五日、突如、復興庁が「原子力災害による被災者支援施策パッケージ」を発表した。

その目的は次のように述べられていた。

「子ども被災者支援法の主旨も踏まえ、福島県を中心とした原子力災害の被災者が安心して生活することができるようにするとともに、将来を担っていく子どもが元気に成長できるための取組について検討、整理した」

しかし、「パッケージ」は、子ども・被災者支援法の基本方針ではない。さらにそこに掲げられた施策は、すでに実施されているものばかりで、避難者らが求めるものとはかけ離れていた。とくに、母子避難者の生活を支える施策は、すでに行われていた「高速道路無償措置」のみで、福島に帰還するための支援が目立っていた。

子ども・被災者支援法は、基本方針を策定するときには、あらかじめ事故の影響を受けた地域住民や避難者らに意見を聞くことを定めていた。しかし、それはなかなか実現されなかった。提示後、わずか二週間のパブリックコメントの募集とされたが、その短さに抗議の声が集中し、復興庁は一〇日間の延長を決定した。説明会も開催されたが、そこで住民や避難者の意見をくみ取る姿勢は感じられなかった。

そして、二〇一三年一〇月に決まった基本方針は、当事者の意見を反映させたものとはとうていいえないものだった。まず、支援を受けられる自主避難者の地域(避難前に住んでいた地域)を限定した。すなわち、強制的な避難指示が出されていた区域を除く、福島県の「浜通り」(県東部)、「中通り」(県中部)の三三市町村のみを、「支援対象地域」に指定したのだ。放射能汚染は県境を越えて広がっている。そのため、本来ならば一定の線量で対象地域を検討するべきところを、自治体の区割りで地域を限定し、住民避難や被曝の問題を福島県の一部の問題としてしまったのだ。

また、講じられる施策もパッケージと同様、それまでに発表されていたものばかりで、自主避難者の困窮を解決する施策も、避難したくても避難できない人たちの被曝を低減する施策も含まれていなかった。当然、新たに避難するための施策もなかった。

法律に込められた、避難する人、住み続ける人、戻る人、それぞれの選択を尊重し、それぞれのニーズに応じた支援をおこなうという理念は置き去りにされたのだ。

## 避難者とは誰か

なぜ、自主避難者たちのための支援が不十分なのか。

その根本的な原因を考えるうえで重要なのが、「被災者・避難者とは誰か」という問いに、政府や自治体が十分に向き合わなかったという事実だ。

避難者の数は、原発事故の被害の大きさを直接的にあらわす。

復興庁は毎月、各都道府県の報告を集計し「避難者数」を発表している。各都道府県は、総務省が所管する「全国避難者情報システム」の登録数から避難者数を割り出している。この避難者情報システムは二〇一一年四月から始まっていたが、登録は任意で、避難者自身が避難した先の自治体に自ら「避難をしてきました」と言わなくては、その数にははいらない。そのため、とくに自主避難者はその数から漏れやすい。

二〇一一年三月末に福島県中通りから埼玉県にある自分の実家へ自主避難していた宮田智子さん(四〇代・仮名)は、住民票を移さず、避難者情報システムにも登録をしていなかった。実家に身を寄せていて、借上住宅を借りているわけでもないので、避難先自治体とのやり取りもほとんどない。子どもの学校の転校手続きはしていたものの、それ以外に宮田さんが「避難をしている」と証明するものはなかった。

宮田さんは避難してからも、自分が住んでいた地域には避難指示が出るだろうと思い、それを待っていた。しかし、結局出ることはなく、「自主避難」としてそのまま過ごしていた。二〇一二年の秋ごろまで、避難者情報システムの存在を知らなかった。

システムへの登録手続きのために宮田さんは役所に行くと、窓口の人は「避難者登録をしたのは、この自治体ではあなたが初めてです」と話したという。避難者情報システムに登録していない人は「避難者」として扱われない。また、避難元へ戻っていった人も、自ら登録抹消を申し出ない限りそのまま残る。避難先を変更しても申し出ないとそのままだ。

受付開始当時、総務省の避難者登録への呼びかけは、総務省のホームページ上や広報ポスター、避難先自治体などで行われていたが、それ以上の伝達手段はなかった。避難をしていながら、登録をしていない人はたくさんいた。二〇一五年一二月現在、登録者は「初めて」だと言われた宮田さんが避難する自治体には、五〇人以上の登録者がいる。

岡山県で避難者支援をし、自らも自主避難者である服部育代さん(四三歳)は「一一〇人の交流会参加者のうち、九人が避難者登録をしていなかったことがある」と話す。

原発事故は福島県だけの問題にされがちだが、岡山県への避難者は、福島県から避難した人よりも、関東圏などから避難した人のほうが多い。二〇一五年一一月時点では、岡山県全体の避難者一〇七九人に対し、福島県からの避難者は三〇三人(二八%)と、およそ三分の一。三分の二が福島県以外からの避難者だった。

岡山県・北海道・沖縄県などでは、福島以外からの避難者も多い。とくに、「汚染状況重点調査地域」と呼ばれる地域からの避難者も多くいる。

汚染状況重点調査地域とは、法律(「放射性物質汚染対処特別措置法」)に基づき、重点的な調査測定と除染がおこなわれる地域のことで、放射線量が毎時〇・二三マイクロシーベルト以上の場所のある地域が対象とされた。二〇一二年二月までに岩手・宮城・福島・茨城・栃木・群馬・埼玉・千葉県の一〇四市町村が指定された。二〇一六年一月時点で、九九市町村が指定されたままになっている。

しかし、この指定は、自治体が「指定してほしい」といわない限り、指定されない。風評被害をおそれ、毎時〇・二三マイクロシーベルト以上の地点がある地域でも、あえて指定を受けることを見送った自治体もある。避難者は、指定自治体に加え、指定を見送った自治体などから避難した人も多い。

避難者数を、不正確なままにしていた自治体もある。

埼玉県内の避難者に対するニュースレター『福玉便り』では、二〇一三年から毎年一月に県内各市町村に避難者数の照会をし、独自に集計した避難者数を公表している。そして、二〇一三年も二〇一四年も、集計された避難者数は、埼玉県が公表する数の約二倍になった。

なぜか。埼玉県は借上住宅に住む人だけを「避難者」としてカウントし、実家に避難している場合や、自費で家賃を支払い避難している場合は、避難者情報システムに登録していても、避難者数に入れていなかったからだ。

前述のとおり、復興庁が発表する避難者数は各都道府県の報告をまとめたものだが、報告する避難者数の集計方法について、国は方針を示さず、都道府県に委ねている。そのため、埼玉県のような避難者数の大きな集計漏れが起きた。

二〇一四年七月三〇日、毎日新聞がこの事実を報道した。埼玉県は避難者数を数え直し、それまでの二九九二人から、約二六五〇人が上乗せされ、五六三九人となった。それまで埼玉県内の避難者数は四七都道府県中、七番目に多い自治体だったが、数え直しの結果、東京に次いで全国で二番目に避難者が多い自治体になった。ちなみに、二〇一五年二月の調査では、神奈川県が避難者数を大幅修正し、一六二七人増加。二〇三六人から四一七四人になった。それまで数えられていなかった「親族や知人宅への避難者」を追加したことによるものだった。

毎日新聞の報道から数日後、宮田さんはこう話した。

「あの、二六五〇人のなかに、私がいるんだと思うと、嬉しかった。避難していることを認めてもらえたような気がした」

本来、原発事故により避難をした人はすべて「避難者」であるはずだ。

だが、岡山県の交流会で一〇人中九人が未登録であったようなケースを考えても、避難者情報システムは避難者数の実態を明らかにできていない。埼玉県が借上住宅入居者のみを避難者と独自に数えていたように、自治体によって、避難者の定義が異なることすらある。

ところで、福島県は二〇一四年五月、避難者情報システムをもとに、福島県から県外への自主避難者数を独自調査した。しかし、いまだに調査結果を公表していない。

自主避難者数は、原発事故の被害の実態を明確にあらわすものでもある。だからこそ、できるだけ正確に把握し、公表していく必要がある。しかし、政府や自治体は積極的に詳細な人数を調査しようとせず、不正確と分かりながら放置し、あるいは福島県のように調査しても公表しない。

本来、適切な支援のためには被害実態の把握が必要なはずである。「原発避難者とは誰か」という定義づけを行わないことは、まるで不都合な事実を覆い隠すためのようでもある。

## 原発ＡＤＲ

避難者たちは行政からの支援を待つしかないのだろうか。独自に賠償を求めていく方法はないのか。

自主避難者に対する賠償の方法の一つとして、「原発ADR」がある。ADRとは、「裁判外紛争解決手続」のことだ。

原発ADRの場合、原発事故による損害賠償の和解交渉を、被害者と東電が、国の「原子力損害賠償紛争解決センター」で行う。正式な訴訟を提起するよりも手続きが簡単で、結論が出るまでの時間が短いなどのメリットがあり、センターが出す賠償額などの和解案に不満があれば、正式な裁判をその後に起こすことができる。ADRは交通事故や消費者トラブルなどでも利用されている。

避難を強制された避難指示区域の人たちは、二〇一一年九月一日から原発ADRへの申し立てをはじめていた。避難者が東電に、直接賠償を求めても、賠償額などに納得できない場合に利用することが念頭に置かれていた。

埼玉県の場合、震災から二年が経過したころになっても、自主避難者も原発ADRを利用できることはほとんど知られていなかった。県弁護士会が自主避難者の原発ADRの利用に積極的ではないという噂もあった。自主避難者が弁護士に相談に行っても、最終的には「自分で(ADRの手続きを)やったほうがいいよ」と言われてしまうというケースすらあった。

実際、ADRは書類をそろえて自分で申し立てをおこなうこともできる。しかし、手続きが簡素化されているとはいえ、時には東電の主張に対する証拠提出が必要になるなど、子どもをかかえた母親が日々の生活の時間を割いておこなえるほど簡単なものではなかった。

埼玉県とは対照的に、新潟県、山形県では自主避難者の原発ADRが活発に行われていた。東電による自主避難者への賠償は、わずかしかない。自主避難者こそ、原発ADRによる賠償を必要としていた。


なぜ地域によって原発ADRの利用に差があったのか。関係者の話からは、地元の弁護士会の姿勢に違いがあったことがうかがえる。自主避難者の数にもよったのだろう。埼玉県は約八割が避難指示区域からの避難者だが、新潟県や山形県は半数以上が自主避難者である。


ADRに積極的に取り組んでいた新潟県の二宮淳悟弁護士は、当時を思い返してこう話す。

「新潟県には、当初一万人を超える避難者が避難してきていましたが、半数は、いわゆる自主避難者の方でした。母子避難によって二重生活になっているといった負担をかかえた方もいました。

新潟県の弁護士会や弁護団は、避難前の居住地が避難指示区域内であっても、そうでなくても、同様の被害実態があると考え、自主避難者によるADRの申し立てに積極的に踏み切りました。新潟の弁護士がもっとも早く自主避難者の原発ADR問題に取り組んだと思います」

二宮さんが二〇一一年に避難所の相談に行ったとき、まだ弁護士になって三カ月しかたっていなかった。法律相談を一人でやったこともない時期だったという。二〇〇四年の新潟県中越地震、二〇〇七年の新潟県中越沖地震の際に被災者支援にあたった先輩弁護士の後を追うように、避難所での相談に駆け回った。避難所では弁護士が話を聞くだけでも安心する人が多かった。

「安心してくれる方々を目の前にしてやりがいを感じていったんでしょうね」と、二宮さんは話す。先輩弁護士は、震災発生間もない時期から自主避難してきた母親たちの苦悩に寄り添っていた。

ある日、福島から避難してきた女性が二宮さんに、「私たちは自主避難だから、ADRとかやっても無駄でしょうね……」と話しかけてきた。二宮さんは言った。

「大変だけど、一緒に頑張りましょう。あきらめずに、我々が先例になりましょう」

言葉どおり、自主避難者のADRの先例が積み重なってきたのは、当時、先陣を切って申し立てをおこなった新潟県や山形県に避難していた母親たちが頑張った成果だった。

埼玉県で自主避難者の原発ＡＤＲが広がっていったのは、二〇一三年秋以降だ。さいたま市の小林玲子弁護士が、自主避難者の交流会に参加し、原発ＡＤＲについて説明をはじめるようになってからだ。

小林さんは、以前から、避難指示区域内の人たちの原発ＡＤＲに、熱心に関わっていた。どんなに頑張ってみても交渉がうまくいかず、依頼者に落胆されることもあった。依頼者の願いどおりにいかないことを思い悩んでいたちょうどそのころに、「自主避難者の原発ＡＤＲをやってほしい」という連絡がはいったのだという。

小林さんも、一児の母である。自らも、シングルマザーとして子どもを育てていた。

「裁判だと、賠償は数年先になってしまうから今すぐもらえないけれど、生活している母親は、本当は「いま」お金が必要なのよね」

小林さんは、震災の一年前に離婚を経験していた。住む場所を失いかけ、体を壊し、仕事も失っていた。経済的にもギリギリだった時期もあった。

「女の人が一人で生きていくのは大変でしょう。しかも、子どもをかかえて。自分が倒れるわけにはいかないから、全身で緊張しているような状態よね。だから、自主避難のお母さんたちの目をみた瞬間に、痛みが胸に迫ったのね。ああ、あのときの私と同じだ……って」

小林さんは新潟県から二宮さんを呼び、埼玉県の弁護士会で自主避難者の原発ＡＤＲの勉強会を開催した。埼玉県内でも自主避難者の原発ＡＤＲに関わる弁護士を増やそうと思ったからだ。「埼玉県では自主避難者のＡＤＲ申し立てはまだ一度もなかった。それなら、私がやるしかないという感じでした」と小林さんは話す。

二〇一三年一一月、自主避難している六世帯が、埼玉県ではじめて原発ＡＤＲの申し立てをおこなった。すべて、小林さんが代理人として申し立てた。

小林さんはその後、埼玉県内で自主避難者の原発ＡＤＲの説明会をたびたびおこなっていくことになる。

## ［コラム］
# 残った夫たち

母子避難をさせた夫はひとり、被災地に残り、生活することになる。避難生活の経済負担を支えるためだ。しかし、それが、いつまで続くのか分からない。自ら選んだ単身赴任とは違い、原発事故が原因で始まった、突然の別居生活だ。

夫や周囲の深い理解がない限りは、母子避難を支えるものもない。また、夫にも、周囲の理解が必要だ。その夫たちは、どのような気持ちだったのだろうか。

**郡山市→新潟県　菅野正志さん（四一歳）**

「車の運転が、やっぱりつらいんですよね。郡山市から新潟まで、ノンストップで二時間ですが、毎週となるとね。でも、それよりも、何よりもつらいのは、別れ際に、子どもに泣かれることです」

菅野さんはそう振り返る。郡山市から新潟県へ二年半の間、妻と子どもを母子避難させていた。

　菅野さんは、原発事故直後、親戚から「うちは福島から子どもたちを逃がすよ」と連絡をうけた。「じゃあ、うちもとりあえず出ようか」と、三月一四日に新潟県長岡市の避難所へ母子避難させていたが、「小学校が始まる」という知らせを受け、四月七日に戻った。そのときの避難行動は、それほど重い決断ではなかった、と菅野さんは言う。

　当時、子どもたちは六歳と一歳。上の子どもは小学一年生だった。

四月に学校が始まり、六歳の子どもは学校へ通い始めた。郡山市には避難指示がなく、これまでと同じ生活が始まっていた。しかし、本当に子どもたちはここで暮らしていていいのだろうか、という不安が少しずつ募っていった。

　一学期の間、原発事故と放射能のことを調べ続けた。当時は情報が錯綜していて、何が正しいのかも分からない状況だった。四月一九日には子どもの校庭の利用判断における暫定的目安が年間二〇ミリシーベルトに変更され、五月からは、郡山市教育委員会が小中高生の屋外活動時間を一日三時間以内に制限する通知を出した。

「被曝の影響について、はっきりしたことが分からないんだったら、避難させたい。そういう「直感」ですよね。子どもたちを危険なものに触れさせたくない、遠ざけたい、食べさせたくない、それだけです」

子どもたちは、原発事故直後に、おそらく初期被曝をしてしまっているだろう。これ以上の追加被曝をさせたくない、と菅野さんは言った。それは、今なお、避難を継続している理由の一つでもある。

上の娘が夏休みに入ると、菅野さんの妻と子どもたちは、再び新潟県に避難をした。三月に一度避難をしていたこともあり、再避難するハードルは比較的低かったのではないか、と菅野さんは言う。自分も一緒に避難をすると経済的なリスクがある、と判断し、郡山市に残ることを決めた。菅野さんは一週間の休みをとり、引っ越し作業を手伝った。

一週間で何とか引っ越し作業を終わらせた。上の娘は、当然、そのまま父親も一緒に住むと思っていたようだった。しかし、菅野さんが郡山市に帰る準備を始めると、その状況を理解し、娘は泣き叫んだ。部屋で一時間、玄関で一時間、駐車場で一時間、泣きながら父親と離れたくないと訴えた。

「つらかったですよ。下の子はまだ小さかったから、よく分かっていなくて、「パパ、バイバイ」って言ったりしていたんですが、上の子はもう分かりますからね。ずっと泣いていました。何とかなだめて、郡山市に出発して、帰宅すると、妻が言っていました。「あの後、帰ってからも泣いていたんだよ」って」

そんな娘を見て、「いつかは新潟県に自分も来るしかない」と思っていた。そのうちに、上の娘は少しずつその状況に慣れ、泣かなくなっていったが、今度は下の子が別れ際にさみしそうに目を赤くするようになった。

郡山市に生まれ、郡山市で育ち、就職をした。隣の市で生まれ育った妻と結婚し、両親と同居し、そのまま世代交代するのだと、当たり前のように思っていた。平凡なりにも幸せな当たり前の生活があった、と菅野さんは話す。

「家庭菜園で野菜を作り、妻の実家から米をもらって、新鮮な食べ物を食べて生活していましたね。野菜を買うということがほとんどなかった。でも、原発事故以降は、「米、作ったけど、食べないよなぁ」と妻の両親も気遣ってくれるんです。子どもたちに安全な食べ物を食べさせたいと思っているのを分かっていて。それもつらい思いをさせたな、と思います」

菅野さんの両親も、妻の両親も、子どもを守るために避難することを理解し、協力的だった。そのことが、なおさらつらかった。

「むしろ、親に反対されて「うるせー、このやろう！」くらいで出てくるほうが、楽だったかもしれない」

と菅野さんは言う。

菅野さん一家の母子避難生活がはじまり、菅野さんは郡山市の職場で、さみしさをふり払うように、仕事に明け暮れた。月曜日から木曜日までは残業をし、稼げるだけ稼いだ。金曜日は定時で帰り、新潟県へと向かう。土日の出勤はしない。菅野さんの仕事は製造業で、自分の仕事さえしっかりこなしていれば、文句を言われることもなかった。そんな二年半を過ごした。

「もう、とにかく仕事に没頭するしかなかったですよね。この年齢になると、親と話すこともそんなにないですから、家の中はとても静かでした」

と菅野さんは言う。

帰宅すると、それまでしなかった晩酌をするようになり、それが習慣になった。それまでは、残業で遅くなっても、寝ている子どもたちの顔を見ることができたが、それもない。

逆に、晩酌をしていた妻が、新潟県ではその習慣をやめていたんですよ、と菅野さんは言う。

「母子避難させた当初、地震も原発もどうなるか分からなかったから、「何かあったらお前しかいないから、頼むぞ、お前の判断で、子どもたちを守ってくれよ」と妻には言っていましたからね。妻は「一人だけで子ども二人を守らなくてはいけない」と気を張っていたからでしょうね」

いずれは一緒に生活したいと思っていた。生活するためには、転職をしなくてはならない。働き盛りの年齢での転職には不安があったが、時間を見つけては、新潟県で就職活動をしていた。

しかし、難しかった。面接に行くと、必ず「避難者なら、いずれ帰りますよね?」

と聞かれた。

転機は、二年後に訪れた。新潟県で避難者支援を行っていた人から、就職先を紹介してもらったのだ。偶然、同じ製造業だった。面接を受けると、「いつから来られますか？」と聞かれた。職場は、避難の状況も理解してくれていた。正直に「子どもたちが成人するまではいるつもりです」と答えると「いま、頑張ってくれればいいよ」と言ってもらえた。

「人に恵まれているんだと思う」

と菅野さんは言う。

周囲には、軋轢をかかえてつらい思いをしている人もいるんですよ、と話してくれた。

「子どもが小学校に入学するまでに帰ってこい、と親や親戚に言われている人もいます。避難住宅が打ち切りが決まって、決断を迫られている人も増えていますね。あとは、距離的に大変そうな人もいます。新潟県から、南相馬市とか、福島市、いわき市に帰るお父さんたちは、郡山市よりもっと距離が離れているんです。二時間では通えない。みんなよくやってると思います。

子どもに泣かれるのがつらいというのは共通していますね。つらいから、子どもが眠ってから夜一〇時に出発して帰る、という人もいましたし、朝五時に出てそのまま仕事に行くという人もいます」

なかなか母子避難させているお父さんの気持ちは、知る機会がないですね、と言うと、

「自分が、原発事故とは無関係な立場だったら、もしかしたら自分も理解できないかもしれない。経験してみて、分かったんです、こういうつらさがある、というのも」

と、菅野さんは言った。

「帰還、帰還、なんていうけれど、帰る条件さえ整えば、明日にでも帰りたいんですよ」

そう、菅野さんは言う。

上の子も、下の子も、新潟県での生活がある。下の子は、新潟県での生活のほうが長い。上の子も、もうすぐ郡山市で生活した時間よりも新潟のほうが長くなる。自分

自身も、この二年間でたくさんの人とのつながりができた。もう、ここまで来たら、被曝の問題だけではない。

「新潟に自分も避難すると決めたときも、「いずれは帰りたい」って思っていたんです。親のこともあるし、自分の育った家ですから。

でも、子どもが成人するまであと一五年こちらでの生活を続けるとしたら、自分は五〇代半ばです。それからの転職はあり得ないですよね。もし、帰るということになったとしても、そのとき、郡山に自分の知り合いはどれくらいいるかな……とも思います。あと一五年で新潟での生活に基盤ができたら、こちらのつながりも大切になるでしょう。

そんな状況で、「帰る」という判断をするかどうかは、分からないですよね」

そう、菅野さんは話した後に、付け加えた。

「でも、そう言っておきながら、めげて来年帰っているのかもしれない。借上住宅も打ち切りになるし、お金がなくなって食べられなくなったら帰るしかなくなる。本当に先のことが見えないんですよ」

はっきりしたこと、言えなくてすみません、と、菅野さんは言った。

## 郡山市→埼玉県　瀬川芳伸さん（五三歳）

「ある新聞記者にね、言われたんです。「自分の子どもを避難させていますが、教え子のことはどう考えているんですか」と。いちばん切なくなる質問です」

瀬川さんはそこで言葉を切った。郡山市で中学校の教諭をしている瀬川さんは、原発事故以降も教員の仕事を続け、妻と子どもを埼玉県に避難させている。

瀬川さんは続けた。

「だから実名で報道してもらう、というのもあるんです。かつての教え子は、もう四〇歳くらいになりますから。もし、どこかで私の名前をみて、覚えていてくれるのなら、「あいつは何を考えているんだろう」と、少しでも考えるきっかけにしてほしいんです」

教育活動をしながら、結局、子どもを無用な被曝から守りきれなかったのではないか、と考えることがある。事故直後も、放射線量が高いと知りながら、授業をやるしかなかった、と瀬川さんは静かに、淡々と話した。

二〇一一年、事故直後の三月一六日に、福島県では、高校の合格発表があった。その日、「予定どおり合格発表をすれば生徒を外出させることになる。被曝防護を考えれば、今日は行うべきではない」と猛反対し、教師を辞めた人もいた。合格発表の前日の午後二時、郡山市は、毎時八・二六マイクロシーベルト（平時のおよそ二七五倍）が計測されていることを福島県災害対策本部が公表している。「その教師を尊敬する」と瀬川さんは言い、「私は守るものを間違えたかもしれない」と言った。

二〇一二年六月、妻の由希さん（四〇歳）と子ども三人が埼玉県に避難をした。震災当時、由希さんが妊娠六カ月だったため、本格的な避難をすることはかなわなかった。そのため、二〇一一年の間は、近隣の県を転々としながら、週末などを利用し、短期の避難を続けていた。今の避難先である埼玉県に落ち着いたのは、震災から一年が過ぎたころだ。先に埼玉県に避難をしていた由希さんの友人が紹介してくれた公営の借上住宅だった。

瀬川さん自身は、妻と子どもと離れて生活することに対して「さみしい、という感情よりは、ほっとした」と話す。放射線量の比較的高い地域で子どもを育てていていいのかという、不安な一年を過ごしたからだと思う、と言った。

最初は、月に二回、週末に妻と子どもの元へ通っていたが、しだいに毎週通うようになった。長くいられるほうがいいだろうと、土曜日ではなく、金曜日の夜に移動するようにもなった。休まずに車を走らせても、三時間かかる。大雪のときは一二時間かかった。

避難直後は、瀬川さんが避難先の埼玉県に行くと、夜、子どもたちは必ず、ペタッとくっついて寝ていた。

「身動きが取れないぞー、と思いながら寝ていたんですが、最近は、子どもたちもだいぶ成長したので、その悩みもなくなっちゃいました」

と、瀬川さんは笑う。

四男が生まれた二〇一四年一〇月から、育児休暇をとり、母子避難先で自分も一緒に生活した。もともと半年の予定だったが、四男は心臓の病気をかかえて生まれてきたため、さらに半年、休暇を延ばした。幸い、同僚たちは、母子避難のことを、理解してくれていた。なかには、お金は大丈夫なのか、という心配をしてくれた人もいた。

四男の心臓手術は成功し、一年の育児休暇の後に、職場に復帰した。

「長男は、とくに感じやすい子どもで、親が感じていることを、全身で受け止めていたと思うんです。四男の出産のときも、妻の容体が悪かったことを敏感に感じとり、学校で、床に転がってしまうようなこともあったようです。できるだけ親の不安を見せないようにしていたんですが。

それを思うと、震災直後、あの子はもっともっと、ダメージを受けていたんだな、と今になって分かるんです。幸い、避難先での担任の先生の理解があり、受け止めてくれたのがよくて。最近、ようやくこの生活に落ち着いてきたかな、というところ」

瀬川さんはそう言う。だからこそ、今の借上住宅から退去させられるときが来ることを、受け入れられない。子どもと先生と、周囲の人たちと作ってきた暮らしを、再び奪われることは、子どもたちにも負担だ、と話す。

今後も、可能な限り、子どもたちを放射線の低い土地で生活させたいという思いがある。どんな形になっていくのかは分からない。経済的な限界がくるのか、精神的な限界がくるのか、どちらが先だろうか、と瀬川さんは言った。

郡山市が行う除染も、不十分だと感じている。全体的に放射線量が下がってきてはいても、ホットスポットはいたるところにある。除染しない家・土手・林もそのままだった。自宅を除染しても下がらなかった放射線量が、隣の家の木を切ったら下がったこともある。「あなたの自宅の除染は終わった」と言われても、納得はできない。

「除染は、もちろん、してくれたほうがいいんですが、形だけではないか、という思いもあります。小さな子どもを思いっきり遊ばせる環境を取り戻すような除染というのは、やっぱりできていないと思うんです」

子どもたちの将来の健康に対しても、不安がある。もともと、瀬川さんも拡張型心筋症を、妻の由希さんも、多発性硬化症という難病をかかえている。だからこそ、子どもたちには、健康に過ごしてほしいという思いがある。

しかし、原発事故後の子どもの被曝線量がどのくらいだったのか、今となっては不明だ。「子どもに向かって、ロシアンルーレットの弾がどこから飛んでくるのか、ということを心配しているような状態です」と瀬川さんは言った。

「甲状腺がんだけではなく、それ以外の健康影響がどうなるのかも心配ですよ。でも、不安なことも健康被害についても、事実であっても、それを言えば不利益を被る福島県民がいます。本音を言いにくい、というのは、実際にありますね」

瀬川さんは「このまま、書けますか、大丈夫ですか」と、私のことすら、気遣う様子を見せていた。

# 第6章　帰還か、避難継続か

## 葛藤

二〇一三年の秋から冬にかけて、いわき市から埼玉県に避難していた尾川亜子さんは考え続けていた。

娘の小学校の入学が翌年四月に控えていた。それを機に、いわき市に帰るか、それとも、避難を継続すべきか。娘が埼玉県の幼稚園に入園した日から、次の「区切り」である小学校入学をどこで迎えるべきか、二年以上にわたって、自問自答する日々だった。

避難をはじめた当初から、何らかの理由で避難生活が終わることは覚悟していた。そもそも、最初は一年ほど避難すれば戻れると思っていた。

しかし、情報を集めれば集めるほど、できるだけ長く避難し続けたほうがいいだろうという思いに変わっていった。

避難したときには三歳だった娘は五歳になった。幼い子どもが持つ頰のふくらみは消え、言葉のたどたどしさも減った。夫は「かわいい盛りに一緒にいられなかったことが悔しい」と何度も言う。

とべなかった縄跳びもとべるようになり、自転車も補助輪を外して乗れるようにもなった。歩くのも走るのも三歳のころより速くなり、言葉もたくさん覚えた。

二〇一三年一一月、母親たちでつくる「いわきの初期被曝を追及するママの会」は、当時新しく就任したいわき市の清水敏男市長に「子どもたちの学校給食における地産地消の取り組みをやめることを求める要望書」を提出した。

その日、尾川さんも埼玉県から車で片道三時間をかけ、参加した。幼稚園を休ませ、娘も連れていった。会場に到着したのは、開始の三分前だった。

当時、いわき市は、福島県内でも学校給食に福島県産のお米を使っていない数少ない自治体のひとつだった。しかし、二〇一四年三月からは、それを変更するのではないかとささやかれていた。食品に含まれた放射性物質を体内に取り込む内部被曝を心配する保護者たちが、世代も性別も超えて、六五人ほど集まっていた。尾川さんは、こう発言した。

「学校給食がどうなるかは、私にとって、いわき市に帰るか帰らないかの大きな基準になります」

いわき市にも、避難していなくとも放射線による被曝を気にしながら生活している母親はたくさんいた。いわき市は放射性プルームが原発事故の直後に通過している。知らずに水汲みに並び、子どもに被曝をさせてしまったことを不安に思う保護者も多かった。

「これ以上被曝させたくない。これから先、この不安と付き合っていくことになるから、できる限りの予防をしてください」

「あのころ、放射能が含まれていた水を口にしています。だからこそ、給食は安全にしてほしい。そうすることは大人たちの役目だと思います」

集まった保護者は、口ぐちに言った。

尾川さんも伝えた。

「今日来た保護者の一人ひとりの後ろには、きっと二〇〇人くらいの保護者の思いがあるのだと思います。みんな、働いていたら来られないし、表立ってこういう場所には来られない人もいる。私のように、避難先から駆けつけられない人もいると思う」

尾川さんは、いわき市に戻り、子どもを小学校に入学させることを見据えていた。

一方で尾川さんは、「来年いわき市に帰るかもしれない」ということを、埼玉県の周囲の人に切り出せずにいた。

子どもを通じて埼玉で出会った友人たちは、尾川さんの避難生活を応援し、心配していた。同じ自主避難中の母親とは、お互いに自分自身の状況をすべて語り、支え合っていた。それだけに、いわき市に戻ることは切り出せなかった。

一緒に市議会に政府への意見書を出すために活動した鈴木直子さんも、そんな尾川さんの「帰還」への葛藤をうすうす感じ取っていた。二〇一二年に出会ってから、誰よりも尾川さんと一緒にいた人だった。同郷だったこともあり、尾川さんのことを人一倍、気にかけていた。

「それぞれの家の事情だから、仕方がないって分かっているんだけどね。でも、面と向かえば「帰らないで頑張ろう」って言ってしまいそう。でも、それを言ったら、苦しめてしまうことも分かるから、言わないけど……」

鈴木さんは、そう話していた。

二〇一三年の年末になってから、尾川さんは夫と何度も話し合いを重ねた。避難を継続するために、仕事を変えて一緒に避難してきてほしいと夫に話したこともある。しかし、両親と事業を営む夫にとって、その選択は難しかった。

夫は話し合いの最後まで、家族一緒に生活することにこだわった。

結局、尾川さんは娘の小学校の入学に合わせて、家族と一緒に住むことを決めた。

しかし、自宅はいわき市の北部にあり、市の中でも、原発に近い地域だ。自宅と自宅周辺は放射線量が高いままだった。壊れた原発は、今後どうなっていくのか分からない。少しでも離れたいと思った。

そのため、尾川さんは自宅に戻るのではなく、いわき市の南部に部屋を借りようと考えた。

## 帰還

福島県に戻る場合は、借上住宅を新たに無償で利用できることになっている。その施策は、二〇一六年一月現在、なお継続している。

尾川さんも、その制度を利用して、いわき市の南部で夫と一緒に住めるのではないかと考えた。自宅の放射線量は完全に下がってはいない。自治体による除染もはじまったばかりだった。除染は自分で申請することになっているため、自宅周辺の住宅では、申請せず、除染しない家もあった。

除染を申請しても、尾川さんの自宅の場合、市の職員が放射線量の測定をして、雨どいの下の線量が高い場所の土を削るだけだった。自宅より放射線量の高い周囲の雑木林や山は、「除染しないと市で決めています」と説明された。

尾川さんは、借上住宅制度で入居が可能だと思っていたが、いわき市に問い合わせてみると、「自宅と同じ市内に戻る場合は適用されない」と教えられた。何度か交渉したが「そんなに無償提供してほしいなら、埼玉県からいわき市以外の市町村に帰ればいいんですよ」と言われるだけだった。

尾川さんにとって、いわき市以外の市町村に住むという選択肢はなかった。いわき市はそもそも、福島県の南東の端の海沿いにある。北に行けば、原発に近づくことになる。いわき市より南は茨城県だ。制度の適用外であるだけでなく、夫の職場からも遠く離れてしまう。内陸に行けば山を越えなくてはならず、それも通勤が困難だった。

尾川さんは、借上住宅はあきらめることにした。自費で家賃を支払ってでも、いわき市の南部で部屋を探すことにした。

二〇一三年の年末から探しはじめたが、いっこうに見つからない。原発周辺地域からいわき市へ避難している人たち、あるいは除染作業員や原発作業員が、すでにいわき市でアパートを借りていた。不動産屋を八軒まわり、さらに「入居者募集」という張り紙を出しているアパートを探して車でも走り回った。

年が明け、ようやく見つかった物件のひとつは、小学校までの距離が遠すぎたため、あきらめた。二〇一四年二月、やっとの思いで、もうひとつの物件に決めた。

しかし、書類を書いてハンコを押し、契約書を交わすときになって、大家から家賃の値上げが通告された。部屋に近かった駐車場も交通量の多い国道沿いに変更されただけでなく、運転席のドアも開けられないほどの狭さだった。

あまりの対応に、「最初と話が違う」と尾川さんと夫が抗議すると、大家は「条件変更をのめないのなら、借り手はいくらでもいる」と言う。確かに、需要はいくらでもあった。前述のとおり、プレハブ型の仮設住宅からアパートへ住み替える避難者や、除染や原発の作業員、復興関係の仕事に就く人たちも、全国から入れ替わり立ち替わり、いわき市にはいっていた。

結局、最後の段階で、その契約は成立しなかった。

四月の娘の入学まで、二カ月しか時間がなかった。小学校入学の手続きや準備のことを考えると、これからまた部屋探しにあてる時間はこれ以上ない。残る選択肢はひとつだけ。自宅に戻ることだった。

二〇一四年四月、尾川さんはいわき市の小学校に娘を入学させた。給食に地元産米使用の撤回を求め続けていた母親団体の要望は退けられ、二〇一四年一二月、いわき市教育委員会はそれまで学校給食に使用していた北海道産米をやめ、いわき産米を使用する方針を打ち出した。

## 強いられる選択

同じころ、尾川さんと同様に悩んでいる母親がいた。福島市から避難し、三年間、関東で母子避難生活を過ごした横山えり子さん(当時四〇代)だ。

横山さんは震災からわずか六日後に第三子を出産した。女の子二人のあとに生まれた待望の男の子だった。しかし、大きな地震を経験した直後の出産。赤ちゃんの誕生を、手放しで喜ぶほど、気持ちにゆとりはなかった。

生まれたばかりの弟と二人の娘を産院で対面させると、娘たちはそのまま祖父母とともに福島県外へと避難させた。出産の喜びよりも、突然の避難に不安気な表情だった娘たちのことが気がかりだった。

一カ月半後、娘たちは祖父母とともに自宅に戻ってきた。娘たちも、横山さんも、家族で暮らせることが嬉しかった。

娘たちは、普段どおりに幼稚園に通いはじめた。しかし、当時幼稚園では、外遊びを制限していた。土も草花も触ってはいけない。大人たちからの「ダメ」「やめなさい」の繰り返しで、娘たちにも、ストレスがたまっていた。

少しくらいなら大丈夫だろうと、子どもたちを幼稚園の園庭で少し遊ばせたことを横山さんは覚えている。生まれたばかりの眠っている息子を、そっとベビーシートごと車から降ろし、園庭の土の上にそっと置き、楽しそうにブランコで遊ぶ娘たちを見ていた。

もっと危機感を持っていればよかった、と横山さんは振り返る。あのころ、どのくらい放射線量が高かったのか、何も知らなかった。福島県が発表している「原子力発電所周辺環境放射能測定結果」によれば、福島市の県庁横にある紅葉山公園のモニタリングポストで、三月一五日に毎時一七・三マイクロシーベルト(事故前の約五六六倍)を記録している。三月一一日から三一日までの平均値は毎時五・一〇マイクロシーベルト(事故前の一七〇倍)だった。それらを知っていれば、ベビーシートを土の上に置いたりしなかった。娘たちも、風の舞う季節に、園庭で遊ばせたりはしなかった。

隣の市に住む、実家の父親が作る地元の野菜を家族で食べ、母乳で育てていた。子どもたちが、どれほど内部被曝したのか、外部被曝したのか、今となっては分からない。

少しずつはいってくるさまざまな情報に押しつぶされそうな気持ちになった。もっと知識があれば、事故直後から、子どもたちを無用な被曝から守ることができたのに――。横山さんは、そう自分を責めはじめる。「このままでは、笑顔で子育てができない」。横山さんは、避難を決断した。

二〇一一年五月、首のすわらない息子を連れ、横山さんは関東の親戚の家へ向かう。避難の準備中、疲労から横山さんは乳腺炎になってしまっていた。コンパクトカーに五人が乗り、荷物を積んだ。高熱が出ているなかの避難だった。子どもの衣服を優先し、自分の着替えは必要最小限にとどめた。生活さえできればいいと思っていた。

親戚宅は、老夫婦世帯だった。「避難しておいで」と言ってくれたものの、それまでは二人で静かに生活してきたはずだ。長くお世話になるわけにはいかないと横山さんは感じていた。

しかし、すぐに福島市に帰る覚悟はなかった。自宅の除染も終わってない場所に帰ることはできない、と考えた。せっかく避難したのだから、そのまま子どもたちとしばらく避難し続けたいと、夫と、同居していた両親を説得した。

数カ月、親戚宅で過ごしたのちに、同じように福島市から避難していた友人に情報をもらい関東の借上住宅に移った。そのまま、二〇一四年三月まで母子避難生活を続けることになる。


避難生活中に、長女は小学校に入学した。次女は新しい幼稚園に通いはじめ、生まれたばかりだった息子は、寝返りもハイハイもよちよち歩きも、避難先で覚えた。

夫は毎月二回、必ず週末に通ってきてくれた。金曜日に仕事が終わると、そのまま高速道路を車で飛ばして会いに来る。

母子避難させている男性が、夫と同じように母子のもとに通う道中で事故にあい亡くなったという話も聞いた。いつか、夫も事故を起こしてしまうのではないか。福島市へ戻る夫を見送ったあとは、「自宅に着いた」という連絡をもらうまで、いつも不安で仕方なかった。

しだいに、横山さんにも子どもたちにも、親しい友人ができ、生活の基盤が作られていった。しかし、いつまでもこの生活が続くわけではないことは、常に頭の片隅にあった。

横山さんは、二〇一四年の次女の小学校入学に合わせ、自宅に戻ることを決めた。

横山さんは、二〇一四年から、「子ども脱被ばく裁判」の原告として裁判に関わっている。この裁判は、原発事故後、子どもたちに被曝を避ける措置を怠り、無用な被曝をさせた責任を追及するために、国と福島県を、二〇一四年八月に福島地裁に提訴したものだ。二〇一五年一二月に行われた「子ども脱被ばく裁判」の意見陳述で、横山さんはこう述べた。

私は、福島県で生まれ、育ちました。

自然の中で育った私は、都会にあこがれ、やりたい仕事をめざし、福島の高校を卒業し、進学、就職と東京で生活していました。

やりがいのある仕事もできるようになっていましたが、アスファルト、コンクリート、ビル、ハイヒールを履いて、「土」をふむこともなく、雨や雪で泥よごれにもならない。

いつしか、やっぱり大地をふみしめ、自然の中で生活していきたい。

幼い時に母を亡くし、男手一つ、私を育ててくれた父を一人にしておけない、という思い。

福島で子育てしたいと、福島に戻ってきました。

念願がかない、今は夫と三人の子どもにも恵まれ、「花も実もある福島」の地で幸せに暮らしています。

ただ、原発さえなかったら。

横山さんは原発事故後に関東に避難をしたことを語った。幼い三人の子どもたちが、何も気にせずに泥んこ遊びができる環境を望んだからと言った。横山さんは続けた。

一年前、次女の入学に合わせ、避難先から福島へ戻ってきました。
とても、とても、考え、迷いました。
でも、やっぱり福島に戻ってきました。
夫が一人で頑張ってくれている。
年老いた親が心配。
でも、子どもの健康が一番大事。
考えても考えても、答えは出ません。

誰か教えて。
お母さん、夢に出てきて、教えてよ。

「心配しなくていいよ。福島で、でーん、とかまえて、子育てしなさい」

と、言ってほしい。

「そんなことない。少しでも遠くへ避難したほうがいい」と、誰かが言っている……

三〇年後の私に聞きたい。

子どもたちは元気ですか。

元気な、私たちの孫は、生まれてきてくれましたか。

被告席側には行政職員らが座っていた。横山さんの意見陳述に、被告席側に座る男性もじっと聞き入っていた。

## 二〇一四年夏になって初めて

二〇一三年の秋以降も、さいたま市の弁護士の小林玲子さんはたびたび、「自主避難者のための原発ADR説明会」の講師を務めた。説明会はニュースレター『福玉便り』で告知し、自主避難者の母親たちに呼びかけた。

二〇一四年八月、説明会の告知が載ったレターが発行されてからしばらくたったころ、一通のメールが編集部に届いた。そこには、「初めてこういった会に参加しようか迷っています」「当日まで、行けるかどうか分からないので、保留にしてもらえると嬉しい」という内容のことが書かれていた。

そのメールは、生活保護を受けながら二人の子どもを育てていた河井加緒理さんからだった。メールで躊躇する様子を伝えていたが、当日、河井さんは説明会にやってきた。小林さんはその説明会で初めて河井さんに会ったときのことをはっきりと覚えている。

「「私は誰も信用できません」と河井さんは最初に言いました。怖くてずっと電車にも乗れなかったと。「それでも、ここへ来た」って言われた瞬間、緊張しましたよ。今日は、この方が、人間を信じられるか、信じられないか、その瀬戸際の日だと思ったからです」

河井さんは当日の朝まで迷ったものの、意を決し、自主避難者のための説明会に参加した。娘と、息子の手を握り締めて、電車をいくつも乗り換え、目的の場所へ移動した。こわばる表情で「遅れてごめんなさい」と言い、河井さんは部屋にはいった。

小林さんは、この女性に対して自分は何ができるだろうかと考えた。そして、ただただ誠実でいるしかないと思ったという。

　この日、自主避難中の母親が五人、参加していた。

　一人ひとり、自己紹介をし、避難生活の現状を伝えた。河井さんも、自分が歩んできた避難生活を、淡々と包み隠さず話した。

　河井さんが、自主避難をしている同じ境遇の人に会ったのは、その日が初めてだった。震災発生から、三年半近くたっていた。

　五人のうち三人も、同じだった。避難して何年たってもなお、同じ境遇の人に出会えない人はたくさんいた。

　みな、涙ぐみながら話を聞いた。そして、それぞれが、「これまで我慢して人に言えなかったこと」をぽつりぽつりと話しはじめた。

　河井さんは、「今日、初めて「つらい」と言えた。同じ境遇の人たちの中で、「つらい」って、言っていいんだ、と思えたんです」

　説明会のあと、そう話してくれた。

「「つらい」と思っても、自主避難者は「自分の責任」と言われてしまう。だから言わなかった。でも、ここでは、同じ境遇の人がその「つらさ」を理解し、共感してくれる。そして、

「自己責任」ではなく、原発事故のせいだ、という前提も、瞬時に理解してくれる。

河井さんはそれまで、『福玉便り』が自宅に届いても、目を通さずにゴミ箱に捨ててしまうことがあった。「これは余裕のある避難者が読むものだ」と感じていた時期があったのだ。

避難者交流会の情報を知っても、地域のレジャー情報を知っても、仕事で行けない。そもそも、毎日疲れきっていたため、活字に目を通す気力もなかった。そして、交流会に行っても、また「帰る場所のある人」と言われ、自主避難者は嫌な思いをするだけだろうと考えていた。

ある日、ふと、「自主避難者のための」という文字が目にはいった。あれ？　と思い、改めて読むと、原発ＡＤＲのことが書かれていたのだ。

「自主避難者のため」ということは、自分と同じ境遇の人しか集まらない――。そのことに気がつき、「会ってみたい」と思った。そして、当時、生活保護を受けなくては生活できないほど、生活が困窮していた河井さんにとって、自主避難者の原発ＡＤＲは興味ある事柄でもあったのだ。

説明会の一週間後、河井さんは、原発ＡＤＲの申し込み手続きのために改めて小林さんの法律事務所を訪れた。

「今日は子どもと一緒じゃなくて、一人で電車に乗れたんです」

そう言って、笑った。

「そのとき、「ああ、この方は前にすすんでいる」と感じました」と小林さんは言う。

「この出会いは、私にとっても大きな出会いだった。一歩ずつ前にすすむ彼女に関わらせてもらえることが、私にも励ましで、弁護士にとって、一番の報酬。片田舎で細々とやっているだけの弁護士だけど、役に立てているのかなという勇気をもらえた」

## 広がる不安

災害救助法により提供されている借上住宅には、「住み替えができない」という問題があることは2章に書いた。もう一つの大きな問題として、「毎年の更新」がある。二〇一三年以降、次年度も被災者が借上住宅に住み続けてよいかどうかを福島県・内閣府・復興庁が協議して決め、福島県が四月か五月に発表しているのである。決定から更新まで一〇カ月しかない。

当然、避難者は毎年、「来年も住宅提供が更新されるだろうか」という不安をいだく。一年ごとの決定では、避難者は先の計画が立てられずにいた。更新の決定時期のたびに「借上住宅の提供の延長」を求める署名活動や集会の開催があった。

二〇一六年現在でも、避難元の放射能汚染が消えたわけではない。住宅除染を終えていない地域もある。通学路は除染すらされていない地域が多いうえ、田畑や山林は除染対象外だ。被曝を避けるため避難し続けたいという思いを多くの自主避難者はかかえている。

原発被災者の住宅確保を求める院内集会．借上住宅打ち切りの不安が広がるなか，避難者・支援者や弁護士，記者らが詰めかけた．(2014年5月．東京都千代田区の参議院議員会館)

それだけではない。五年かけて積み上げた生活を再び奪われることへの不安もある。受験生をかかえた親は「ここで受験させて、いいのだろうか」と悩み、幼い子どもをかかえる親も「幼稚園はここで卒園できるのだろうか」「小学校はここで卒業できるのだろうか」という不安をいだいている。また、避難先で正社員になった親は「この仕事を続けられるだろうか」という不安を持っている。

借上住宅が打ち切りとなり住まいを奪われれば、自主避難者は帰らざるを得ない。二重生活の経済負担があるなか、借上住宅があるからこそ、何とか生活を維持してきた人たちにとって、更新の発表には、「暮らし」がかかっている。

二〇一四年三月、東京の郊外にある公営住宅に住む自主避難者の母親の元に、都から連絡が来た。都営住宅への住み替えの説明会をするという内容だった。

住んでいる公営住宅は、数年以内の取り壊しが決定していた。その母親は「追い出しの圧力ではないか」と不安を感じていた。

説明会は集会室で開かれ、自主避難者が三〇人ほど集まっていた。都の住宅課の職員と一緒に、福島県の職員も同席していた。

都の職員は、「いずれはみなさんも、ここから出なくてはならない。だから、今のうちに都営住宅に抽選の申し込みをはじめてほしい」と切り出した。都営住宅は入居希望者が多く、抽選があり倍率が高い。都の職員は、「今から何度か挑戦しておいたほうがいい」とアドバイスした。

しかし、どの世帯も、経済的な負担を強いられながら自主避難を続けていた。家賃が新たに発生することになれば、さらに負担は増加する。東京都の公営住宅の抽選倍率は数倍から数百倍で、当選するかどうかも分からない。転居が決まれば、子どもの転校を余儀なくされる。近くで仕事をしていた母親も、仕事に通えなくなってしまう。

このケースでは、住宅を取り壊すことは決定していたが、時期は決まっていなかった。取り壊しがはじまるまで、できるだけ長く住みたいというのが集会室に集まった人たちの願いだった。

都の対応は、先回りしてアドバイスを提供するなど一見親切なようだが、結局は都合を押し付けた形だ。端的に言えば、「取り壊したいから早く出ていってほしい」ということだった。

ちょうどそのころ、二〇一四年二月に、東京都は都内の全避難者に対し、一斉にアンケート調査をおこなっていた。およそ三三〇〇世帯を対象とし、回答があったのは一一五五世帯だった。

このアンケートに対して、避難者たちからは反発の声が上がった。アンケートの質問項目が、避難の継続を望む人たちの神経を逆なでするものだったからだ。

批判されたのは、応急仮設住宅（都営住宅や国家公務員宿舎、民間賃貸住宅など）に住んでいる人たちに対する、「今後の居住先の予定についてお答えください」という項目だった。

事前に用意されていた選択肢は六つあり、その内容は次に示すとおりで、大きくいって、地元に帰るか、自分で住宅を確保するか、という選択肢しかなかった。

①概ね半年以内に、地元県内(元の自宅を含む)に戻る予定である。
②応急仮設住宅が無償で提供されている間は現在の応急仮設住宅に住むが、無償提供が終了した場合には、地元県内(元の自宅を含む)に戻りたい。
③概ね半年以内に、都内に自分で住宅を確保し定住する予定である。
④応急仮設住宅が無償で提供されている間は現在の応急仮設住宅に住むが、無償提供が終了した場合には、都内に自分で住宅を確保したい。
⑤概ね半年以内に、地元県以外の他の道府県に自分で住宅を確保し移住する予定である。

内閣府防災担当職員に「借上住宅の長期無償での提供」を求める署名1万6000人分を手渡す，ひなん生活を守る会代表鴨下祐也さん．(2014年4月．東京都の中央合同庁舎)

⑥応急仮設住宅が無償で提供されている間は現在の応急仮設住宅に住むが、無償提供が終了した場合には、地元県以外の他の道府県に自分で住宅を確保し移住したい。

これを読んだ都内の避難者たちは、「都は、避難者に対して何もしないということを宣言した」と受け取った。そして、あたかも「半年以内に」判断しなくてはならないかのような書きぶりだった。避難者が焦ったのも無理はなかった。

さらに二〇一五年四月、東京都は都内の全避難者に対し、「都営住宅の申し込みについて」というお知らせを発送した。

公営住宅の「入居資格等の特例措置」や「抽選率の優遇」を挙げ、あたかも申し込みを勧めているかのようだった。この知らせを受け取った多くの避難者が「今度こそ、とうとう借上住宅から追い出される」という危機感を持った。

この時期、多くの自主避難者が不安を口にしていた。

「ここから出ていけ、と言われても、行き場がない。このあたりで新しく部屋を借りるとしても、家賃が高すぎる」

「経済的なことを考えると、借上住宅の終了が、そのまま避難生活の終了になる。とうとう福島に戻ることを考えなくてはならないのか……と思うと、不安でならない」

「来年、子どもが受験を迎える。落ち着いて受験できる環境を作ってあげたいが、借上住宅がどうなるのか分からないままでは、どうしたらいいのか分からない」

「何とか収入を得て、住み続けられるようにしようと思っても、「避難者だから、いずれ帰るのでしょう」と言われて、求人に採用されない。先のことを気にせず、ただ、普通の生活をしたいだけなのに」

借上住宅の打ち切りに対する不安が、東京都をはじめ、全国の自主避難者に広がっていった。

［コラム］

## 北海道と沖縄

原発事故による広域避難の現状として、福島原発から離れれば離れるほど、福島県以外からの避難者数が増えるという特徴が挙げられる。

例えば、北海道へは二〇一五年一二月時点で、二一三八人の避難者がいる。そのうち、福島県からの避難者は一二八七人。残る八五一人（全体の約四割）は、岩手県、宮城県および関東圏などからの避難者だ。宮城県からの避難者は五三一人いるが、全員が地震・津波による避難者ではなく、原発避難者も含まれている。岩手県からは九一人、関東圏などの「その他」は二二九人いる。ピーク時にはおよそ三二〇〇人の避難者がいた。

似たような傾向が沖縄県でも見られる。二〇一五年一二月時点で、七一〇人の避難者がいるが、福島県からの避難者は四八八人。それ以外の避難者は二二二人（全体の約三割)だが、岩手県からは七人、宮城県からは一二一人、「その他」は九三人いる。沖縄県の職員は「正確に把握しきれていないと思う。福島県外からの避難者、とくに関東圏からの避難者は「避難者」として、申し入れていないのではないかと感じている。総数として、七〇〇人になっているが、おそらく一〇〇〇人ほどはいるのではないか」と話した。

**北海道**

各県ではさまざまな広域避難者支援の団体がある。北海道にもいくつかの避難者団体があるが、もっとも大きなものとして、自助団体「みちのく会」がある。二〇一六年一月時点で、会員数は約一〇〇〇人。お茶会での交流、情報共有などを行い、避難者同士がつながるきっかけにもなっている。

震災当初から、北海道は行政も避難者支援に熱心で、積極的な支援が行われた。「ふるさとネット」(北海道被災避難者サポート登録制度)があり、早い段階から避難者の把握に努めていた。この「ふるさとネット」はのちに総務省の「全国避難者情報システム」へと引き継がれている。近年では「北海道広域避難アシスト協議会」に事業委託をし、交流の場、情報誌の発行や個別訪問も行っている。「北海道広域避難アシスト協議会」と「みちのく会」はお互いの持ち味を生かし、道内の他団体と協力関係を築きながら支援活動に取り組んでいる。

「みちのく会」には、避難者として行政に登録はしていないけれど、避難してきた、という人が訪ねてくることがある。いわゆる、避難者の窓口としての機能があるという。そこから、行政や「北海道広域避難アシスト協議会」につないでいるという。

関東から避難をしている田中俊雄さん(四〇代・仮名)は、「みちのく会」の事務局員をしている。「避難者さんにとっての、北海道のふるさとづくり、ほっとする場所を目指している」と話す。田中さんは、事故直後に妻の実家のある函館に避難をし、その後札幌に移り、避難者支援に携わっている。

「海を渡って避難してきている人が多いので、戻らないという覚悟をしている人は多いですね。一方で、そうではない方もいます。お父さんも仕事を辞めて避難する、という家庭がある一方、お父さんの年齢によっては仕送りを選択する家庭もありますね。子どもと長く会えないというのは、自分も子どもがいるのでわかりますが、母子もお父さんも、つらいと思います。それぞれの声を聞いて、一人ひとり違うことを知る、というのが大切になっている時期です」

五年がたち、自立できる人は生活者としての暮らしが始まっている、という。一方で、それが叶わない人もいる。いちばん怖いのは、把握しきれていない、声の届かない人が出てしまうこと、と言う。

「北海道の行政の方は、本当に理解をして、寄り添ってくれています。だからこそ、こういった支援の活動も続けられる。他県でもそういう取り組みが広がってくれれば」と田中さんは話す。

### 沖縄県

沖縄県では、県や県内の企業を中心に「東日本大震災支援協力会議」が作られ、移転の際の旅費などを支援、提携団体や企業等から割引サービスなどが受けられる「ニライカナイカード」も発行された。

また、福島県出身者を中心とした「福島避難者のつどい　沖縄じゃんがら会」「つなごう命の会―沖縄と被災地をむすぶ会」などの避難者団体がある。それぞれが持ち味を生かした活動を行っている。

「つながりを作る場所を作ること、沖縄のみなさんと交流する場を持つことを大切にしています。生活の上では、助け合う関係作りがいちばん大切だと思うから」。そう話すのは、「沖縄じゃんがら会」の代表の桜井野亜さん（四〇代）。福島県郡山市から避難している。これまで、できるだけ避難者同士が顔を合わせ、話を聞き合うことを大切にしてきた。

「二〇一一年から健康不安の声にこたえる形で、甲状腺のエコー検査、血液検査もはじめました。生活困窮に陥りそうなギリギリの人もいるし、引きこもってしまっている人もいる。各地の社会福祉協議会に、現状をつたえています。沖縄の県民のみなさんは、とても温かい。感謝の気持ちは忘れたくない」と話す。

「つなごう命の会―沖縄と被災地をむすぶ会」の共同代表でもあり、琉球大学名誉教授でもある矢ヶ崎克馬さん（七〇代）は、二〇一五年一〇月、「原発事故避難者アンケート報告集」をまとめた。沖縄に避難している一六都道府県、九四世帯からの回答があった。記載されたコメントには、それぞれが抱える問題が浮き彫りになっている。

「夫が通う交通費が高くて困っている。子どもの成長を見逃していることがかわいそう」「義理の両親から避難の理解が得られず、良い関係を築けていないのが悲しい」

「コミュニケーション不足から、離婚に至ってしまった」「行き来できる距離ではないので、両親が老いてきていることが心配だが、金銭面にも苦しいのでどうにもならない」といった声が明らかになっている。

アンケートを行った矢ヶ崎さんは、「沖縄県には、さまざまな県から避難している人がいる。そういった人たちのために、受け入れている地域が社会的にきちんと手をのばさなくてはならない」と話した。

「つなごう命の会―沖縄と被災地をむすぶ会」を立ち上げた妻の八重美さんは二〇一三年一月に他界した。多くの避難者から「沖縄のお母さん」として慕われていたという。その遺志をついで、矢ヶ崎さんは活動を続けている。二〇一五年一二月には、その「つなごう命の会」が中心となる「原発事故避難者に公的支援を求める会」が署名運動を行った。避難者の生活の安定のため、住宅支援や「ニライカナイカード」の継続を求め、三週間で約一〇〇〇筆が集まっている。

# 第7章　消されゆく母子避難者

## 住宅提供打ち切り報道

二〇一五年五月一七日、朝日新聞が「自主避難者への住宅提供終了」というニュースを報じた。この報道は福島県の正式発表よりも先行していた。

記事は「自主避難、住宅提供終了へ、福島県調整　一六年度で」という見出しで、福島県が二〇一七年三月で自主避難者の借上住宅の無償提供を終える方針を固め、関係市町村と調整にはいったと伝えていた。わずか一年九カ月後に、自主避難者は生活している部屋を追われてしまうことになる。

その日、埼玉県に自主避難中のある母親はこう言った。

「どうしてこんなに翻弄されなくてはいけないんだろう。原発事故がなかったら、今ごろ、どんな生活していたのかなと思うと、力が抜けてしまう」

報道の二日前の五月一五日、東京都へ避難してきた人たちの団体「ひなん生活をまもる会」が中心となって、借上住宅の長期間の無償提供を求める署名を福島県庁に届けたばかりだった。

署名数は四万四九七八筆。そのわずか二日後の「打ち切り」報道に、避難者たちは「なぜ言ってくれなかったのか」と、憤り、落胆を感じていた。

住宅提供打ち切りの報道の後、多くの市民団体が動きだした。

報道から三日後の五月二〇日、環境NGOのFoE Japanが「原発事故の避難者のいのち綱を切らないで――住宅提供打ち切り方針の撤回を求める緊急集会」を衆議院議員会館で開催した。

原発事故の避難者のいのち綱を切らないで――住宅提供打ち切り方針の撤回を求める緊急集会.（2015年5月. 東京都千代田区）

福島市から京都府に避難している加藤裕子さん、いわき市から東京都に避難している鴨下祐也さん、そして、河井加緒里さんが参加し、住宅提供打ち切りを撤回してほしいと訴えた。会場は避難者、支援者、報道関係者で満員だった。

それまで、公の場で一度も発言したことがなかった河井さんが、娘を連れて会場にいた。そして、こう発言した。

「住宅支援は自主避難者に対する唯一の支援。打ち切りの報道で、国や福島県に見捨てられたような気になる。絶望感がとても強まった。このままでは多くの人が露頭に迷ってしまう。自分自身も、家を追い出されたら路上生活をするしかない」

河井さんは「もう大丈夫と言うまで、見放さないでほしい」と、絞り出すように続けた。

五月二四日には、福島県二本松市で、「原発事故被害者団体連絡会」(略称「ひだんれん」)の発足・設立集会が開催され、約三〇〇人が集まった。

「ひだんれん」は、原発事故による損害賠償や責任の明確化を求め、各地で訴訟などを起こした被害者や諸団体が結成した全国的組織だ。二万人以上の原告がつながり、原発事故以降、最大級の被害者運動の担い手となる。

その会場では、福島県川内村から岡山県に避難している女性が、会場に来られなかった母親から託されたメッセージを読み上げた。「四年がたち、生活がやっと普通にできるようになり、あの原発事故を振り返らずに、前を向いていこうとやっと思うようになった矢先に(住宅)支援の打ち切り。子どもたちがやっと学校や岡山の生活になじんできてくれました。なのに、私たちはまた引っ越しや転校を繰り返さなければいけないのでしょうか。やっとの生活をしている私たちにとって残酷でなりません」

さらに、その二日後の五月二六日には、全国から集まった約二〇〇人の自主避難者・支援者が福島県庁を訪れ、長期間の無償提供を求める署名を提出した。二七日には、東京・日比谷で、避難者・原発被害者のための集会が開催され、ここにも全国からの自主避難者・支援者が一五〇人集まった。提出された署名は一二万三四五五筆にものぼった。

その日、会場で訴えた避難者の中に、郡山市から新潟県に避難した磯貝潤子さんがいた。

「住宅支援の打ち切りの報道に愕然としました。今の収入で家賃を払っていくのは無理です。暮らしていた土地を放射能で汚され、勝手に安全の基準を変えられ、元に戻すわけでもなく、「安全です」と言い、避難者の住宅支援を打ち切る。国と県は勝手すぎます。生活を立て直すまで、事故を起こした加害者、国が補償をすべきです」

マイクを握り、声を震わせた。

五月二八日には、新潟、広島、北海道、福岡、鳥取、愛媛、沖縄など各地で避難者の支援活動をおこなっている団体の代表者が連名で、「県外自主避難者の生活再建に関する要望書」を福島県に提出した。同日、日本弁護士連合会も「区域外避難者への避難先住宅無償提供の終了に反対する会長声明」を発表。被災者の基本的人権を回復する「人間の復興」の理念に真っ向から反するおそれがあるとして、撤回を求めた。

翌二九日には、東京都の避難者の団体「キビタキの会」が「原発事故避難者の安定的な居住を求める復興庁・内閣府・福島県・東京都との懇談会」を開催した。同日、子ども・被災者支援議員連盟も、内閣府の大臣政務官を訪ね、「原発事故避難者への仮設住宅等の供与に関する申し入れ」をおこなった。

五月一七日の報道から連日開催された集会には、全国からたくさんの避難者が駆けつけたが、その一方で、参加したくてもできなかった人たちもいた。

避難生活を支えるために仕事をしていたら休むことはできず、幼稚園の子どもがいれば、帰る時間には家にいなくてはならない。そして、母子避難者の多くが子どもを預けられる先がないうえに、子どもが幼ければ、長時間の外出もままならない。

そういった母親たちも活動を後方支援していた。

例えば、関東のある地域では、LINEのグループトーク(複数の人たちとメッセージをやりとりする)に参加していた一〇人ほどの自主避難者同士で、連日情報交換をし、励まし合いながら福島県や避難元の自治体に電話で「住宅提供を打ち切らないでほしい」と、要望や問い合わせを続けていた。

あるいは、メールや手紙で、集会に参加できる人に思いを託す母親もいた。フェイスブックやツイッターで「打ち切り撤回の署名」の協力を呼びかける母親もいた。それぞれが、できる範囲で、切実な思いを届け続けていた。

集会や要請行動は、六月以降もさらに続いた。

六月九日には、「ひなん生活をまもる会」が、「避難用住宅の無償提供の打ち切りに反対し、撤回を求める院内集会」を開催し、会場には全国からの約一七〇人が集まった。九都道府県に避難している一六人が登壇し、住宅支援を打ち切らないでほしいという思いと、その窮状を訴えた。

二〇一一年の「原子力損害賠償紛争審査会」（原陪審。第４章参照）で発言した宍戸隆子さんも発言した。

宍戸さんが住む北海道の雇用促進住宅には、多いときで約二〇〇世帯の自主避難者・母子避難者が避難していた。宍戸さんはその雇用促進住宅の避難者の世話人でもあった。

「小さな子どもをかかえて母子避難するということは、働くことができないんです。子ども二人を保育園に預けて働いたら、パート代は全部すっ飛んでしまいます。住宅支援があったからこそ、避難生活を続けてこられたのです」

連日の要請，集会が行われるなか，福島県庁前では，借上住宅の継続を求めるハンガーストライキも行われていた．(2015 年 6 月．福島県福島市)

さらに、子どもたちの成長にも触れ、こう続けた。

「子どもたちも、だいぶ大きくなってきました。これからようやく「じゃあ、今度こそ働きに出ようか」「少しずつ自立に向かって一歩踏み出そうか」と、そういういま節目だったのです」

宍戸さんはいつも首から携帯電話をぶら下げている。雇用促進住宅に住む母子避難者にとって、それは命の電話だった。宍戸さんは、これまでにも、その電話からのSOSを受け、相談にのってきた。急病の母親に付き添って救急車に一緒に乗り、病院まで送り届けたこともある。住宅支援の打ち切り報道後、その電話にたくさんのSOSがあった。

「お母さんたちはパニックです。泣きながらの電話もいただきました。「私たちこれからどうなってしまうんだろう」「福島に戻らなきゃいけないのかな。どうしたらいいんだろう」そういった声をたくさんもらいました」

宍戸さんは切々と訴えた。

「好きこのんで避難者の立場でいたい人なんていない。いま、必要なのは、自立したくてもできない避難者たちへの支援です。生活困窮が目の前にあります。離婚された人もいます。精神を病んでしまった方もいます。そのお母さんたちが家賃助成を切られてしまったら、生きていくことができません。どうか家賃助成を続けてください。いま、打ち切りになれば、さらに多くの生活困窮者を生んでしまいます」

政府は六月一二日、「原子力災害からの福島復興の加速に向けて」という復興方針（二〇一三年一二月策定）を改訂し、閣議決定した。そのなかで、まっ先に掲げられたのは「避難指示の解除と帰還に向けた取組を拡充する」だった（傍点は引用者）。

そして三日後の六月一五日。福島県は、自主避難者に対する避難先での住宅無償提供を二〇一七年三月で打ち切ることを正式に発表した。

福島県の内堀雅雄知事は打ち切りを「帰還や自立を促すため」と説明した。戻る場所がない離婚した避難者や、生活困窮に陥り自立できない避難者のことを無視した発言だった。

被曝をさけるために避難生活を続けたいという思いや、子どもをこれ以上転校させて精神的に負担を負わせたくないという思いも無視された。

連日行われた集会での訴えも、署名、電話、メール、ファックスによる訴えも、届いていないかのようだった。

福島県は打ち切りと同時に「福島県内への引っ越し費用の補助」「低所得者への家賃補助」「(福島県内の)公営住宅確保」「コミュニティー強化」の四つの施策を発表した。

## 「避難する状況にない」

七月一〇日、復興庁は「原発事故子ども・被災者支援法」の基本方針の改定案を発表した。そこには「避難指示区域外の地域からは避難する状況にない」と明示された。これに対し、多くの避難者から反発の声があがった。自主避難を否定するだけではなく、住宅無償提供の打ち切りを追認するかのようだったからだ。

また、改定案には、避難者のための新たな支援施策はなく、自主避難者に対しては帰還をすすめていく施策ばかりだった。借上住宅の打ち切りに関しては、二〇一一年と二〇一四年に航空機からおこなった福島県内の放射線モニタリングの結果を比較して、「空間放射線量が大幅に低減している」として、正当化していた。

「支援法が死んだ」と表現した人もいた。自主避難者を含め、子どもを被曝から守りたいと願う人たちを救うと期待されていた法律は、その理念を失ってしまった。反発を受け、後日復興庁は「新たに避難する状況にない」と文言を差し替えたが、いわば自主避難を否定する趣旨に変わりなかった。

「原発事故子ども・被災者支援法」の基本方針改定案の説明会．怒号が飛び交う場面もあった．（2015年7月．東京都千代田区）

七月一七日、東京で開かれた改定案の説明会には五〇人ほどの避難者や支援者、弁護士が参加した。ずらりと並んだ復興庁の職員らが基本方針改定案を説明し、その後に質疑応答がおこなわれた。

いわき市から東京都に避難している鴨下祐也さんが発言した。

「放射線量が大幅に低下しているというのは、事故後の値がとんでもなく高かっただけです。事故前から比べたら、いまでも何倍も高いんです。国が避難の必要性を否定しても、一人ひとりの命の安全を保障しているわけではないですよね」

原発事故後と今とを比較すれば、空間放射線量が低減することは、当たり前だった。だが、子どもの遊ぶところの周辺の林を含め、除染すら終わっていない。鴨下さんは、「放射線管理区域」として、厳重に管理されていたものと同等の放射能汚染が残っていることを指摘し、子どもたちを帰すことはできない、と言った。

郡山市から埼玉県に妻と子を避難させている瀬川芳伸さんは、淡々と住宅支援の打ち切りについて訴えていた。

「引っ越しを余儀なくされて、子どもたちの学区が変わるのは本当に困ります。子どもたちの心の負担も大きく、七歳、五歳、四歳の子どもたちが落ち着いたところです」

子どもたちは避難による精神的な負担で学習に集中できず、特別に学校の先生に気にかけてもらっていた。さらに、母親には難病があり、最近生まれたばかりの第四子は、心臓に障害をかかえ、生後すぐから入院していた。瀬川さんは福島県内の職場で育休を取り、この数カ月間、埼玉県での避難生活を支えていたところだった。郡山市にある自宅は、除染されても放射線量が下がりきったわけではない。

「どうか、私たちのことを見てください。聞いてください」

瀬川さんは最後に祈るように言った。

質疑が続くにつれ、怒号が飛び交う場面もあった。しかし、ほとんどの職員は無感情で対応した。しばらく時間がたつと係官は無言で「お時間です」というフリップを掲げていた。

七月二九日、子ども・被災者支援議員連盟が、自主避難者からヒアリングをおこなった。その席には、復興庁の職員も参加していた。

いわき市から関東に避難している母親は、「すでに子どもたちの生活の拠点はここにある。ようやく慣れたところなのに、家を追われ、家賃が発生したら、子どもの保育園の保育料も支払えない」「子どもにも避難による精神的な負担があり、体に不調が出ていた。ようやく落ち着いてきたのに、もうそんな思いをさせたくない」と、声を震わせて訴えた。

「原発事故子ども・被災者支援法」の説明会．発言者には，フリップで終了が告げられた．(2015 年 7 月．東京都千代田区)

国会議員から復興庁の職員に対し、こんな質問が出た。

「いまのような当事者の話を聞いて、あなた自身はどう思うのですか？」

職員は「ここでは個人的見解を述べる場ではないので

差し控えたい」と何度か繰り返したが、返答を重ねて求められると、「大変だな、と思います」と一言つぶやいた。

集会の後、その職員をつかまえて、「これは命の問題だ」と訴えた。それに対し、職員は「今後のことは、福島県が施策を検討している」と繰り返すばかりだった。思わず、厳しい言葉を浴びせてしまう。どんなに淡々とふるまっていても、話を聞いて何とかしたいと思っていれば、職員もつらいだろうと思ったのだ。職員は一瞬呆気にとられたが、目をそらし、他の記者の質問に答えていた。

福島県が施策を検討するということは、復興庁はこれ以上何か施策を考えることはないということだった。

## 帰還に向けて

自主避難者への借上住宅の打ち切りの発表を受け、福島市から埼玉県に四年間、娘二人と母子避難をしていた今野陽子さん(四〇代・仮名)は福島に戻ることを考えていた。「今後どうなるのか分からないまま、国や県の対応を待っていられないなと思ったの。ギリギリになって決断するよりも、はやめに動かないと気持ちが落ち着かないから……」と、今野さんは言った。

今野さんは、二重生活の経済負担を減らすために、娘たちが幼稚園や学校に行っている間に働いていた。借上住宅が打ち切られたら、経済的に避難生活を続けられないと、以前から話していた。

二〇一四年七月ごろまでは、今野さんは夫とマイホームを建てることも考えていた。二重生活で経済的に苦しいが、夫の年齢を考えると、ローンをはやめに組まなければという焦りもあった。

しかし、どこに建てればいいのかわからない。福島市に残って働く夫に「埼玉に建てるのはどう？」と言ってしまったこともあるが、夫は退職するまでマイホームに住めなくなる。今野さんは、夫に申し訳なくなり、そっと撤回した。

今野さんは住宅の無償提供打ち切りが発表された直後の夏休みに、一時帰省した際、福島市の自宅アパート周辺の放射線量を測定した。

福島市内の原発事故前の放射線量を毎時約〇・〇三マイクロシーベルトとすると、アパートに隣接する駐車場の周辺の地面は、おおむね数倍から一〇倍程度の放射線量だった。だが、アパート脇の側溝では毎時二マイクロシーベルトを超える場所もあった。

今野さんは「以前よりだいぶ低くなっているけど、高いところもやっぱりあるね」と言い、「そのあたりには、子どもたちを近づけないようにする」と話した。

政府が決めた避難指示区域以外の場所からの避難は、あたかも不必要な避難で、自己責任であり、自力で生活再建しなくてはならないという空気が、多くの自主避難者を苦しめていた。それは時間の経過とともに色濃くなっていった。

自分の意思に反して住み処を追われる。失われるのは「住居」だけではない。それぞれが描いていた未来の暮らしも、奪われてしまうのだ。

## 市長との対話

一一月三〇日、新潟市に避難している磯貝潤子さんは、同じく新潟市への自主避難者と一緒に、郡山市の品川萬里《まさと》市長と面談した。この日、品川市長が新潟市を訪れていた。集まったのは郡山市から避難している六家族、九人。品川市長は開口一番、こう言ったという。

「『避難者のところになんて行く必要ない』と周りに言われたけど、私は来ました」

市長に親身になって話を聞いてもらえると期待して集まった避難者は、もったいをつけるような話し方を聞いて距離を感じ、困惑したという。

磯貝さんは品川市長との対話のなかで、二〇一七年三月に借上住宅の無償提供が終わることを母親たちが心配していることも伝えた。「私たちは住民票を残し、郡山市に税金を納めています。見捨てないでください」と訴えたが、品川市長は「税金というのは一度払えば公共のものだから」という返答だったという。磯貝さんはこう話す。

「自主避難者だって、原発事故がなければ、避難なんてしていないんですよね。避難生活を自分で望んだなら受け入れられますが……。わざわざ新潟まで来てくれた市長には感謝の気持ちで接したかったし、歩み寄りたかったけど、「ああ、無理だな」っていうことを確認してしまった感じです」

市長は対面後に報道陣に対し、「避難者の方の考えをできる限り伺い、制度的に何ができるか検討したい。子どもの居場所づくりなどきめ細かい情報提供にも努めていく」と話した（一二月一日付河北新報電子版）。

だが、集まった避難者は「私たちは郡山市からも捨てられちゃったね」と失望を感じていたという。

磯貝さんは郡山市にすぐに戻ることは考えていない。自宅や自宅周辺の放射線量や学校給食の測定態勢が不安であるという問題もあると言うが、もうひとつは娘の進学が目前に迫り、環境を変えたくないという思いがあった。

娘たちは二〇一一年三月に避難をしたときに、仲のよい友人と別れ、悲しんでいた。それを乗り越え、四年近い新潟での避難生活で、娘たちはそれぞれの居場所を作った。高校進学を控えた長女も「新潟で受験したい」と考えている。

夫を郡山市に残した二重生活は経済的にも苦しかった。家計の収入は手取りで三〇万円に満たない。磯貝さんが事務のパートで稼げるお金も数万円だった。自宅のローンも払っている。生命保険を解約した返戻金と、これまでの貯金、そして東京電力からの一時的な賠償金を切り崩しながら生活してきた。磯貝さんは、借上住宅の打ち切りについて、こう話す。

「五年もたつのに、まだ自立してないのって言う人もいるかもしれないけど、二重生活でどんどんお金はなくなっていったんですよね。「家なんてどこにでもあるじゃない」と言う人もいるかもしれないけれど、この部屋はすでに私たちの生活の基盤で、しかも、私にとっては避難によって痛んだ心を癒した場所なんです。また知らない部屋にぽつんと一人ぼっちにされると考えると、トラウマみたいなものがよみがえります」

## 泣きながら待つよりも

福島県は二〇一五年一二月七日、県外の自主避難者が県内に戻るための引っ越し費用を、一世帯あたり最大で一〇万円(単身世帯は五万円)補助すると発表し、期限は二〇一七年三月末までとした。県内から県内への引っ越しにも五万円(同三万円)を補助するが、期限を区切ることにより、県内への早期帰還を促す狙いが明らかだった。

自主避難者からは、「敷金や礼金を考えても、そもそも一〇万円では引っ越しできない」「二〇一七年三月までに帰還しなかったら住民として認めないと言われているような気がする」といった声が聞かれた。

福島県は一二月二五日、民間の借上住宅に入居する自主避難者に対して、二〇一七年四月以降の二年間、家賃の一部を負担することも発表した。

補助は最初の一年(二〇一七年度)は家賃の半額だが、上限は月三万円。二年目(二〇一八年度)は家賃の三分の一で、上限は二万円。それ以降の補助はない。支援対象には所得制限があり、母子避難の場合には要件が緩和される。引っ越し費用を別途一〇万円補助することも決められた。

新たに加えられた施策だが、自主避難者たちからは、「結局、住み続けることはできないんだね……」「上限三万円では、家賃負担に地域差が出るってことだよね」「家賃補助も、なぜ二年で終わってしまうんだろう」といった失望と不安の声が漏れている。

もっとも問題となるのは、公営住宅に住む自主避難者だった。

現状では、ルール上、一度は必ず退去しなくてはならない。公の施設であるために平等性を重んじるからだ。そのうえ、もともと低家賃であるため、家賃補助もない。受け入れている地域によって柔軟な対応も可能かもしれないが、住宅事情が逼迫している都市部では厳しい。仮に、同じ公営住宅の抽選に応募しても、倍率が高いところでは入居は難しいだろう。

また、雇用促進住宅に関しては入居者資格を満たす必要があり、申請者の年収が家賃および共益費の合計の三倍以上である必要があるといった縛りがある。同じ雇用促進住宅に住み続けようとしても、入居者資格を満たさない世帯も出てくる。

家賃を支払うことになっても入居し続けたい避難者も、退去を迫られる。生活環境を変えたくない、子どもの学区を変えたくないという避難者も、再び選択を迫られている。

「仮に公営住宅に住み続けられることになったとしても、家賃補助が受けられないのは大きい。家賃補助さえあれば何とか生きていけるかもしれない、という人は、生活保護に頼るしかなくなるのではないか……」

心配していたのは、北海道の宍戸隆子さんだった。

「そもそも、発表されていても、すべてがお役所言葉です。何を言っているのか分からないですよ」

そう、宍戸さんは話す。不安をかかえながらも、自分がどう対応すればいいか分からない避難者も多い、と言う。

「生活の目処がたった人は、自分の道を歩みはじめています。でも、自立したくてもできない人もいる。その人たちにとって、今回福島県が出した施策では足りない。本当に生活困窮者が出てしまう」

宍戸さんは福島県に何度も問い合わせをした。細かく聞かないと、どういった人が対象となり、どういった人が対象から外れてしまうのか、分からない。そのため、福島県の職員に来てもらい、詳細を問えるような説明会を開くことを考えている。

「みんな、模索しているんですよ。避難者ではなく、生活者として、どう生きていこうか、必死に頑張っている」

たくさんの自主避難者とともに五年間を過ごし、それを見てきた宍戸さんは言う。

「いくら生活の目処がたっても、いまここにいるのは原発事故のせいだし、国と東電と福島県の責任。悔しさもあります。そこが免責されることではないから」

でもね、と続ける。

「不安をかかえて泣きながら待つよりも、手助けし合っていこう、って言いたいんです。人生を楽しみたいですよね。原発事故に自分の人生を明け渡すのも、やっぱり悔しいから」

宍戸さんはそう言った。

# おわりに

震災から一年たった二〇一二年、尾川亜子さんから「私たち自主避難者は棄民です」と言われた。「棄民」という言葉は、いまの日本社会では日常とかけ離れている。同じ時代に、同じように子育てをしている母親から、そんな言葉が出てくるとは思っていなかった。私はその場で、思わず「棄民？」と、聞きなおしてしまった。

しかし、「私は棄民だ」と感じていたのは尾川さんだけではなかった。その後、多くの避難者たちと知り合うなかで「棄民」という言葉を、何度も聞き続けた。

原発事故が起き、避難指示の有無で人々は分けられた。その後、住む場所の放射能汚染の程度で、人々は再度分けられ、被曝影響に対する個々人の認識の違いで、人々はさらに分断された。避難する人と、とどまる人。とどまった人のなかでも、放射能汚染と向き合う人、本当は気になっているけれど考えないようにしている人、まったく気にせず日常を過ごす人、さまざまだ。

原発事故は福島県だけの問題とされつつある。県境を越えて広がった放射能による環境汚染や、そして、福島県外から避難した原発避難者は、ほとんど無視され続けている。

これらの「分断」は、政府によって年間の許容被曝量が、それまでの年間一ミリシーベルトから二〇ミリシーベルトへ引き上げられたことによって引き起こされ、さらに、その後の政府の政策や東電の賠償の差により、深くなっていった。そして、「復興」という希望にみちた言葉の裏で、原発事故の被害は置き去りにされていく。

「棄民」という言葉は、こういった構造から発せられている。

さらに、国は東京オリンピック開催の二〇二〇年を見すえて、避難指示解除や賠償の打ち切り、そして自主避難者の住宅支援を打ち切る方針を固めた。こうしていま、切り捨てられる人々の幅が広がっている。

「ハードルは高いけれど、正解は一つではない、という立場でその分断を乗り越えていきたい」。被害者たちによる損害賠償請求訴訟を手がける馬奈木厳太郎弁護士は言っていた。約四〇〇〇人が原告となっている「生業訴訟」は、住み続ける人も、避難している人もともに、国と東電の責任を明らかにしようとしている。

本来、子ども・被災者支援法もその理念を持っている。住み続けることも、避難をすることも、また、元の居住地に戻ることも、どの選択も肯定し、支援するはずだった。この基本理念の背後にあるものは「被曝を避ける権利」であると、法律の立法に携わった河﨑健一郎弁護士は話す。

この法律が国に放置されることなく、その当然の権利が広く認められ、支援が等しくあれば、「分断」もなく、「棄民」という言葉は発せられなかっただろう。

第1章の尾川亜子さんは、いま、いわき市の母親たちとつながり、放射線量の測定や交流会などに参加している。「放射能汚染と向き合いながら、どう暮らしていくのか、今後どうしていくのかを、一緒に考える仲間がいることが心強い」と話した。

第2章の河井加緒理さんは、生活再建を目指し、仕事をはじめる傍ら、避難先の自治体や議員へ要望を届けながら、避難住宅を追い出されないしくみを作ってほしいと訴えている。「ぽっかり空いたような気持ちも、世間に認められなかったつらさも、そこから一歩前に進むためには、国と東電が、誠心誠意謝ってくれることが、本当は大切なんだと思う」と言っていた。

第7章の今野陽子さんは、二〇一六年三月には福島県に戻ることを決めた。自宅に戻るのではなく、別の場所に家を求めた。夫は一足はやくその新しい住居に住み、三月に妻と子どもたちが埼玉から戻るのを待っている。今野さんは「あと数カ月、こっち(埼玉県)で精一杯過ごそう、と思っている」と話していた。

いま、避難を継続することを選んだ人々、避難を継続するしかない人々に対して、何ができるのかが、問われている。政府や東電による支援も賠償もないなか、かつて住んでいた自治体からも見捨てられていく人たちがいる。彼女ら、彼らの「命」の問題は、もう、たらい回しにはできない。問われているのは、私たち自身だ。

自主避難者の住宅支援打ち切りに対し、一石を投じたいという思いと、もうひとつは、消されゆく母子避難者・自主避難者のこの五年間を決して消さない、という思いでこの本を書いてきた。

「仮名」でしか語れない人たちがほとんどであることも、この「自主避難」の問題を象徴している。誰一人として悪いことはしていない。そして、みな、子どもとともに穏やかに暮らしたいだけだった。「子どもを守る話」すら、実名で語れない。このような社会で、じっと耐えて生きている人たちに、思いをはせてもらえたらと願っている。

本書に登場した方々は、日々の暮らしに追われるなか、取材に応じてくれた。子どもが寝てから、夜中まで電話取材に応じてくれた人も、仕事の休みの日に疲れきった体を休ませる時間を割いて話してくれた人もいた。本当は話したくない、話しにくいことも、本書の趣旨を理解し、話してくれたのだと思う。この場を借りて、心から感謝申し上げたい。そして、原発事故をきっかけに出会い、いまは友人として付き合ってくれている一人ひとりにも。励まし続けてくださり、本当にありがとう。

最後に、本書のきっかけを作ってくださった毎日新聞の日野行介さん、執筆期間中、的確な助言をくださった、ジャーナリストの木野龍逸さん、最後まで粘り強く我がままを聞いてくださった、岩波新書編集部の永沼浩一さんに心から感謝を申し上げたい。

そして、福島への取材にも同行し、問題を共有しながらアドバイスを続けてくださった岩波新書編集部の安田衛さんにも、心からお礼を申し上げたい。本文中の母子避難者の境遇をわがことのように感じて胸を痛めていた姿を見て、一緒に本を作る機会に恵まれたことをありがたく思った。

いまなお四七都道府県にいる原発避難者の実状のごく一部ではあるが、少しでも読者に伝われば幸いに思う。

そして、どうか、二〇一七年三月の自主避難者の借上住宅打ち切りにより、誰一人として、絶望することがないことを願っている。

二〇一六年一月

吉田千亜

吉田千亜

立教大学文学部卒業．出版社勤務を経て，フリーライター．東日本大震災後，放射能汚染と向き合う母親たちの取材をつづけている．原発事故と母親を取材した季刊誌『ママレボ』，埼玉県に避難している人たちへの情報誌『福玉便り』などの編集・執筆に携わる．著書に『原発避難白書』人文書院(編集幹事，分担執筆)がある．

ルポ 母子避難
──消されゆく原発事故被害者　　岩波新書(新赤版)1591

2016年2月26日　第1刷発行

著　者　吉田千亜《よしだちあ》

発行者　岡本　厚

発行所　株式会社 岩波書店
〒101-8002 東京都千代田区一ツ橋 2-5-5
案内 03-5210-4000　販売部 03-5210-4111
http://www.iwanami.co.jp/

新書編集部 03-5210-4054
http://www.iwanamishinsho.com/

印刷・三秀舎　カバー・半七印刷　製本・中永製本


ISBN 978-4-00-431591-9　　Printed in Japan

# 岩波新書新赤版一〇〇〇点に際して

ひとつの時代が終わったと言われて久しい。だが、その先にいかなる時代を展望するのか、私たちはその輪郭すら描きえていない。二〇世紀から持ち越した課題の多くは、未だ解決の緒を見つけることのできないままであり、二一世紀が新たに招きよせた問題も少なくない。グローバル資本主義の浸透、憎悪の連鎖、暴力の応酬――世界は混沌として深い不安の只中にある。

現代社会においては変化が常態となり、速さと新しさに絶対的な価値が与えられた。消費社会の深化と情報技術の革命は、種々の境界を無くし、人々の生活やコミュニケーションの様式を根底から変容させてきた。ライフスタイルは多様化し、一面では個人の生き方をそれぞれが選びとる時代が始まっている。同時に、新たな格差が生まれ、様々な次元での亀裂や分断が深まっている。社会や歴史に対する意識が揺らぎ、普遍的な理念に対する根本的な懐疑や、現実を変えることへの無力感がひそかに根を張りつつある。そして生きることに誰もが困難を覚える時代が到来している。

しかし、日常生活のそれぞれの場で、自由と民主主義を獲得し実践することを通じて、私たち自身がそうした閉塞を乗り超え、希望の時代の幕開けを告げてゆくことは不可能ではあるまい。そのために、いま求められていること――それは、個と個の間で開かれた対話を積み重ねながら、人間らしく生きることの条件について一人ひとりが粘り強く思考することではないか。その営みの糧となるものが、教養に外ならないと私たちは考える。歴史とは何か、よく生きるとはいかなることか、世界そして人間はどこへ向かうべきなのか――こうした根源的な問いとの格闘が、文化と知の厚みを作り出し、個人と社会を支える基盤としての教養となった。まさにそのような教養への道案内こそ、岩波新書が創刊以来、追求してきたことである。

岩波新書は、日中戦争下の一九三八年一一月に赤版として創刊された。創刊の辞は、道義の精神に則らない日本の行動を憂慮し、批判的精神と良心的行動の欠如を戒めつつ、現代人の現代的教養を刊行の目的とする、と謳っている。以後、青版、黄版、新赤版と装いを改めながら、合計二五〇〇点余りを世に問うてきた。そして、いままた新赤版が一〇〇〇点を迎えたのを機に、人間の理性と良心への信頼を再確認し、それに裏打ちされた文化を培っていく決意を込めて、新しい装丁のもとに再出発したいと思う。一冊一冊から吹き出す新風が一人でも多くの読者の許に届くこと、そして希望ある時代への想像力を豊かにかき立てることを切に願う。

（二〇〇六年四月）

## 社会


戦争と検閲 石川達三を読み直す　河原理子
生きて帰ってきた男　小熊英二
地域に希望あり　大江正章
地域の力　大江正章
遺骨 戦没者三一〇万人の戦後史　栗原俊雄
フォト・ストーリー 沖縄の70年　石川文洋
ルポ 保育崩壊　小林美希
アホウドリを追った日本人　平岡昭利
朝鮮と日本に生きる　金時鐘
被災弱者　岡田広行
農山村は消滅しない　小田切徳美
復興〈災害〉　塩崎賢明
「働くこと」を問い直す　山崎憲
原発と大津波 警告を葬った人々　添田孝史
縮小都市の挑戦　矢作弘
福島原発事故 被災者支援政策の欺瞞　日野行介
日本の年金　駒村康平
食と農でつなぐ 福島から　塩谷弘康　岩崎由美子
過労自殺〔第二版〕　川人博
金沢を歩く　山出保
ドキュメント 豪雨災害　稲泉連
希望のつくり方　玄田有史
親米と反米　吉見俊哉
人生案内　落合恵子
ひとり親家庭　赤石千衣子
女のからだ フェミニズム以後　荻野美穂
〈老いがい〉の時代　天野正子
子どもの貧困　阿部彩
子どもの貧困Ⅱ　阿部彩
性と法律　角田由紀子
ヘイト・スピーチとは何か　師岡康子
生活保護から考える　稲葉剛
かつお節と日本人　宮内泰介　藤林泰
家事労働ハラスメント　竹信三恵子
ルポ 雇用劣化不況　竹信三恵子
福島原発事故 県民健康管理調査の闇　日野行介
電気料金はなぜ上がるのか　朝日新聞経済部
おとなが育つ条件　柏木惠子
在日外国人〔第三版〕　田中宏
まち再生の術語集　延藤安弘
震災日録 記憶を記録する　森まゆみ
原発をつくらせない人びと　山秋真
社会人の生き方　暉峻淑子
豊かさの条件　暉峻淑子
豊かさとは何か　暉峻淑子
構造災 科学技術社会に潜む危機　松本三和夫
家族という意志　芹沢俊介
ルポ 良心と義務　田中伸尚
靖国の戦後史　田中伸尚
日の丸・君が代の戦後史　田中伸尚
憲法九条の戦後史　田中伸尚

# 岩波新書より

飯舘村は負けない　千葉悦子　松野光伸
夢よりも深い覚醒へ　大澤真幸
不可能性の時代　大澤真幸
3・11 複合被災　外岡秀俊
子どもの声を社会へ　桜井智恵子
就職とは何か　森岡孝二
働きすぎの時代　森岡孝二
日本のデザイン　原研哉
ポジティヴ・アクション　辻村みよ子
脱原子力社会へ　長谷川公一
希望は絶望のど真ん中に　むのたけじ
戦争絶滅へ、人間復活へ　むのたけじ　黒岩比佐子 聞き手
福島 原発と人びと　広河隆一
アスベスト 広がる被害　大島秀利
原発を終わらせる　石橋克彦編
日本の食糧が危ない　中村靖彦
ウォーター・ビジネス　中村靖彦
勲章 知られざる素顔　栗原俊雄
生き方の不平等　白波瀬佐和子

同性愛と異性愛　風間孝　河口和也
居住の貧困　本間義人
贅沢の条件　山田登世子
ブランドの条件　山田登世子
新しい労働社会　濱口桂一郎
世代間連帯　上野千鶴子　辻元清美
当事者主権　中西正司　上野千鶴子
道路をどうするか　五十嵐敬喜　小川明雄
建築紛争　五十嵐敬喜　小川明雄
ルポ 労働と戦争　島本慈子
戦争で死ぬ、ということ　島本慈子
ルポ 解雇　島本慈子
子どもへの性的虐待　森田ゆり
森の力　浜田久美子
テレワーク「未来型労働」の現実　佐藤彰男
反貧困　湯浅誠
ベースボールの夢　内田隆三
グアムと日本人 戦争を埋立てた楽園　山口誠

少子社会日本　山田昌弘
「悩み」の正体　香山リカ
いまどきの「常識」　香山リカ
若者の法則　香山リカ
変えてゆく勇気　上川あや
定年後　加藤仁
労働ダンピング　中野麻美
誰のための会社にするか　ロナルド・ドーア
安心のファシズム　斎藤貴男
社会学入門　見田宗介
現代社会の理論　見田宗介
冠婚葬祭のひみつ　斎藤美奈子
少年事件に取り組む　藤原正範
まちづくりと景観　田村明
まちづくりの実践　田村明
桜が創った「日本」　佐藤俊樹
生きる意味　上田紀行
ルポ 戦争協力拒否　吉田敏浩
社会起業家　斎藤槙
男女共同参画の時代　鹿嶋敬

## 岩波新書より

ああダンプ街道　佐久間充
山が消えた　残土・産廃戦争　佐久間充
少年犯罪と向きあう　石井小夜子
自白の心理学　浜田寿美男
原発事故はなぜくりかえすのか　高木仁三郎
プルトニウムの恐怖　高木仁三郎
能力主義と企業社会　熊沢誠
証言　水俣病　栗原彬編
コンクリートが危ない　小林一輔
東京国税局査察部　立石勝規
バリアフリーをつくる　光野有次
ドキュメント　屠場　鎌田慧
現代社会と教育　堀尾輝久
原発事故を問う　七沢潔
災害救援　野田正彰
ボランティア　もうひとつの情報社会　金子郁容
スパイの世界　中薗英助
都市開発を考える　大野輝之　レイコ・ハベ・エバンス

ディズニーランドという聖地　能登路雅子
原発はなぜ危険か　田中三彦
世直しの倫理と論理　上・下　小田実
異邦人は君ヶ代丸に乗って　金賛汀
読書と社会科学　内田義彦
資本論の世界　内田義彦
社会認識の歩み　内田義彦
科学文明に未来はあるか　野坂昭如編著
働くことの意味　清水正徳
一九六〇年五月一九日　日高六郎編
暗い谷間の労働運動　大河内一男
住宅貧乏物語　早川和男
食品を見わける　磯部晶策
社会科学における人間　大塚久雄
社会科学の方法　大塚久雄
農の情景　杉浦明平
ルポルタージュ　台風十三号始末記　杉浦明平
日本人とすまい　上田篤
自動車の社会的費用　宇沢弘文

「成田」とは何か　宇沢弘文
戦没農民兵士の手紙　岩手県農村文化懇談会編
ものいわぬ農民　大牟羅良
死の灰と闘う科学者　三宅泰雄
ユダヤ人　J-P・サルトル　安堂信也訳